隋唐五代署书人墓志年表

朱关田 编著

浙江工商大学出版社 | 杭州

图书在版编目(CIP)数据

隋唐五代署书人墓志年表 / 朱关田编著. —杭州：
浙江工商大学出版社，2019.3（2020.4 重印）

ISBN 978-7-5178-1980-6

Ⅰ. ①隋… Ⅱ. ①朱… Ⅲ. ①墓志－汇编－中国－隋
唐时代②墓志－汇编－中国－五代十国时期 Ⅳ.
①K877.45

中国版本图书馆 CIP 数据核字(2016)第 321510 号

隋唐五代署书人墓志年表
SUITANG WUDAI SHUSHUREN MUZHI NIANBIAO
朱关田 编著

责任编辑	沈　娴
封面设计	叶泽雯
责任印制	包建辉
责任校对	何小玲
出版发行	浙江工商大学出版社
	（杭州市教工路 198 号　邮政编码 310012）
	（E-mail：zjgsupress@163.com）
	（网址：http://www.zjgsupress.com）
	电话：0571-88904980，88831806（传真）
排　　版	杭州朝曦图文设计有限公司
印　　刷	虎彩印艺股份有限公司
开　　本	787mm×1092mm　1/16
印　　张	16.25
字　　数	183 千
版 印 次	2019 年 3 月第 1 版　2020 年 4 月第 2 次印刷
书　　号	ISBN 978-7-5178-1980-6
定　　价	66.00 元

唐代墓志（代序）

　　魏晋之世，铭石与书翰分作两途。羊欣《采古来能书人名》记钟繇书有三体："一曰铭石之书，最妙者也；二曰章程书，传秘书、教小学者也；三曰行狎书，相闻者也。三法皆世人所善。"铭石之书，其与章程、行狎两书载体不同，后者多施用简牍，或帛与纸，草法行势，未见掩失，而铭石之书，先必正书上石，然后镌刻，其形质便加华饰，即使高手名匠专心勾摹，亦不能称心如意，已下真迹一等。何况刻石此道，代有传习，著名如万文韶、邵建初，堪称世家，其手法各异，又自成规矩。米芾之"石刻不可学"（《海岳名言》）及近年来碑版刻手之议，自可见刻石对书法影响之大。然而，简牍易散佚，留存不便；帛、纸又无千年之寿，秦篆、汉隶、唐楷以及历代名家书迹，大都只能凭借铭石之书流传至今。

　　近年来，地不爱宝，各时代之简牍、帛书、纸卷和碑版时有发现，然以隋唐而论，墓志包括释之塔铭，可谓大宗，其出土如新，诸体皆备，又有未刻之朱书，且形制小，石质细，铭石刊石，并见便捷。精善者，较之丰碑巨碣，距真迹尤近。

　　唐代墓志向来为研究唐史者所重，不仅墓主之姓名、籍贯、生卒年月、官职履历和谱系以及撰、书、刻、立者之署衔，可征信以证史，而且撰文者有如上官仪（《张士贵志》）、狄仁杰（《袁公瑜志》）、崔沔（《崔泰之志》《王方大志》）、郑虔（《郑承光志》《郑仁颖志》）、李华（《田仙寮志》）、张楚金（《张景阳志序》《左光胤志》）、柳芳（《源光乘志》）、萧颖士（《贾钦惠志》）、陆据（《源衍志》）、韦应物（《李璀志》）、崔祐甫（《卢招志》《崔缊志》《崔众甫志》《崔夷甫志》《寇锡志》）、樊宗师（《樊浣志》）、裴垍

1

（《孙君暨妻卢氏志》）、富嘉谟（《崔绛志》）、邵说（《李湍志》《崔祐甫志》）、钱徽（《杨□志》《杨宁志》）、于公异（《于申志》）和梁肃（《李涛志》《李涛妻独孤氏志》），皆为有唐一代著名文人学者，其文洵足以补充存世文学史料之或缺。其中，又有名书家之文，既具文采之风流，又见史料之信值，且并为新出，尤宜珍重。诸如：

薛稷《王德表志》，圣历二年（699）三月二十九日入窆，王景正书；卢藏用《薛氏志》，景云元年（710）十一月二十五日入窆，豆卢欣期正书；《甘元柬志》，详情不明，撰于中书舍人任上；

徐安贞《萧谦志》，开元二十三年（735）九月八日入窆；《张九龄志》，开元二十九年（741）三月三日入窆；

王知敬《哥舒季通葬马铭》（武德中，或以为赝品）；

贺知章《戴令言志》，开元二年（714）十二月七日入窆；《封祯志》，开元九年（721）十一月六日入窆；《杨执一志》，开元十五年（727）九月三日入窆，杨汲正书；《王氏志》，开元二十年（732）十一月二十一日入窆；

吕向《豆卢建志》，天宝三载（744）四月十二日入窆，裴铉隶书；

李邕《崔沔志》，开元二十九年（741）十二月廿九日入窆前撰，大历十三年（778）四月八日迁葬，崔祐甫识，徐珙隶书；

刘升《魏靖志》，开元十五年（727）正月二十四日入窆，魏少游正书；

徐浩《陈希望志》，天宝八载（749）十月九日入窆；《张庭珪志》，天宝十载（751）十月入窆；

颜真卿《臧怀亮志》，天宝十载（751）四月二十一日入窆，疑伪；

吴通微《韩氏志》，永泰元年(765)九月十三日入窆；《李氏志》，大历三年(768)六月二十九日入窆；《冯氏志》，贞元三年(787)十月四日入窆，雷迅正书；《俱慈顺志》，贞元七年(791)正月十二日入窆；

张少悌《刘鸿志》，建中二年(781)十一月三十日入窆；

杨凝式《李德休志》，长兴三年(932)正月三日入窆，李光愿正书；《张季澄志》，清泰三年(936)二月十三日入窆，郭兴正书，张季鸾篆盖；《张继升志》，天福四年(939)十二月二十五日入窆，刘珙正书。

张庭珪、刘升、李邕诸志的出土，更是有助唐代书法史的研究，填补了书家无志的空白。

(一)

初　唐

墓志自南北朝定型以来，其方形石(或砖)质，边长一般为五十厘米至一百厘米，常附有盝顶形志盖，并成一盒，为圹中重要附葬品，其性质虽与墓前碑石包括墓阙、神道、墓表一样，但刻制工艺日趋细巧，至隋益见精善，入唐更是焕然有文明气象。大凡刻石工师，门户既立，世代传袭，手法不允稍改，况且唐初书志人，多出技术人员，并为无名之辈。加上当时无论台省楷书手，抑或州、县书令史，也和工师一样，大都是杨隋乃至周、陈的遗民，书法积习未改，入唐后依旧故我。即使从贞观初年起，政府便设书馆授徒，置书科取士；唐太宗又力倡右军风骨；欧阳询、虞世南秉承睿旨敛入规矩，且教示楷法，其后，褚遂良又集欧、虞之长，高扬通变精神，终以瘦润华逸启开李

3

唐门户，然而其影响之所及，教化之所致，时在武后朝，或更后，贞观年间尚未能及见东风之化雨，更遑论武德之书势，此也便是墓志书法每每附骥于社会书势而不克趋前之原由所在。综观唐初墓志书法，虽渐见端严俊朗，精密有加，贞观末年，也间有道媚可观者出，然终是隋日格局，拙重或出北朝遗俗，秀劲或绍江左流风，其典型可称且著名者唯其昭陵八石，即：

《杨恭仁志》，贞观十四年（640）三月十二日入窆，1979年秋出土；

《长乐公主志》，贞观十七年（643）九月二十一日入窆，1962年出土；

《刘娘子志》，贞观十八年（644）二月五日入窆，1972年3月出土；

《王君愕志》，贞观十九年（645）十一月十四日入窆，1972年11月出土；

《薛赜志》，贞观二十年（646）十二月十四日入窆，1974年4月出土；

《李思摩志》，贞观二十一年（647）四月二十八日入窆，1992年2月出土；

《统毗伽可贺敦延陀志》，贞观二十一年（647）八月十一日卒，合葬于其夫李思摩之茔，1992年10月与夫志同时出土；

《文安县主志》，贞观二十二年（648）三月二十二日入窆，嘉庆年间出土。

其中《文安县主志》出土较早，其典丽华美之文章，工整有法之书品，尤著名于近世，陆耀遹《金石续编》卷四以为是志"书法在欧、褚之间"。朱翼庵《欧斋石墨题跋》卷二称"笔意极似《十三行》"，且有"唐志当以此石为最善，虽以《砖塔》之见称

4

当世,予以为远不及"之谓。

至于署名欧阳询之《温彦博志》,赵明诚《金石录》第五七七不记撰书者姓名,《隋唐五代墓志汇编》第一册《北京卷》收有该志拓本,末题"银青光禄大夫,贞观十年六月,欧阳询撰",不见并书两字,且与《唐代墓志汇编》贞观〇五二据周绍良所藏拓本录文有异。周氏之拓有"东北道招慰大使十年六月贞观检校太子右庶子"一行插入序后铭前,即连接"其词曰"后作同一行。末又题"银青光禄大夫欧阳询撰并书"字样,为一行。是或即觉罗崇恩《香南精舍金石契》所谓"此亦复刻本,然尚有典型,较前与近世之生造伪品远矣。其脱落处,或就空格补刊,当是不谙文义人据剪本、旧本入石也"者。按,温彦博卒于贞观十一年(637)六月,其年十月二十二日陪葬,新、旧《唐书》记之确凿分明,两引上石所书"十年六月"者,显讹。其实两石"脱落处,或就空格补刊"者,全如《萧胜志》之"刺史褚遂良书"六字,《刘智志》之"武功苏灵芝书"六字者,出自近人增添,盖画蛇之作,不足以征信。然此石不失为佳刻,楷书谨严有法,盖出自台省老手,亦堪可记述。

墓志书法一入高宗朝,渐见妍逸,至武周长安年间(701—704),尤趋畅朗,有唐一代新风,融入其间,秀劲宽博,已是华润有加,尽脱陈隋遗制。名书家始见参与,署书人姓氏者也并见增多,著名的便有敬客《王公砖塔铭》和欧阳通《泉男生志》两通。

《王公砖塔铭》,上官灵芝撰,敬客正书,显庆三年(658)十月十二日入窆,明万历年间出土。敬客,出自河东右族,事迹无考。此碑以秀雅见称于明清诸论书家如王澍、毛凤枝,至叶昌炽《语石》尤见推重,有"今世所珍者,莫如《砖塔铭》"之评。

《泉男生志》,王德真撰,欧阳通书于司勋郎中任上,调露元年(679)十二月二十六日入窆,1922 年 1 月 20 日出土。该志书法精整,较《道因法师碑》后十六年,更见成熟,尤胜前碑,或以为即小欧之代表作。朱翼庵《欧斋石墨题跋》卷二曾与《道因碑》比较,以为"《道因》实步趋《皇甫》,此志则脱胎《化度》,兰台晚年书如有出世者,必可颉颃率更,与《醴泉》《温彦博碑》相出入矣"。又题诗称:"大欧《化度》小《泉君》,前者《黄庭》后《洛神》。想象母徐铭志美,幽光犹作九原春。"是志由险峻而趋入淳蓄,不独为欧阳通书入通会之典型,亦乃初唐书势善学欧体者风范之所在。

署名为武周朝名相狄仁杰所撰并正书的《袁公瑜暨妻孟氏志》,久视元年(700)十月二十八日入窆,1929 年 12 月出土。狄氏虽无书名,但其书法精整遒劲,俊气逼人,足可窥见武周时代士大夫间的书法造诣。

其他不署名的墓志书法,著名的有《李文志》,麟德元年(664)二月十八日入窆,《梁师亮志》,万岁通天二年(697)三月六日入窆。又有其弟师暕志即《梁寺志》,朱宾撰,郑庄正书,垂拱四年(688)十一月十七日入窆,甚见称于《语石》)以及萧瑀两女《法乐志》《法灯志》二石,永隆二年(681)三月二十三日同时入窆。其峻利秀逸,或精严雅劲与端庄华丽,也堪称一代佳刻,为初唐名品。

至于昭陵陪葬墓志,尤其近年出土的诸石,精整可喜,除署名张玄靓正书上官仪《张士贵志》,敬客师正书崔行功《王大礼志》二石外,其他亦不愧出自台省书人之大手笔,信然如叶昌炽之言"唐碑渊薮"者。初唐墓志书法之典型,毕见具备,洵足以供后世之研究。谨录新出者如下:

《牛秀志》,正书并篆盖,永徽二年(651)四月十日入窆,1976 年 4 月出土;

《段简璧志》，正书并篆盖，永徽二年（651）八月二十三日入窆，1978年出土；

《张廉穆志》，正书，永徽六年（655）二月九日入窆，1972年11月出土；

《韦氏志》，正书并篆盖，显庆元年（656）十月十八日入窆，1974年8月出土；

《唐俭志》，正书并篆盖，显庆元年（656）十一月二十四日入窆，1978年3月出土；

《五品宫女志》，正书并篆盖，显庆二年（657）二月十四日入窆，1974年出土；

《尉迟敬德志》，正书并飞白盖，显庆四年（659）四月十四日入窆，1971年冬日出土（其碑文出自许敬宗）；

《苏斌志》，正书并篆盖，与其夫尉迟敬德志同时入窆，又同时出土；

《宇文修多罗志》，正书并篆盖，显庆五年（660）三月三日后入窆，1972年5月出土；

《郑仁泰志》，正书并篆盖，麟德元年（664）十月二十二日入窆，1971年出土；

《程知节志》，正书并篆盖，麟德二年（665）入窆，1986年4月出土（其碑文出自许敬宗，畅整正书）；

《李震志》，正书并篆盖，麟德二年（665）十一月入窆，1973年5月出土；

《王氏志》，正书并篆盖，与夫李震志同时入窆，又同时出土；

《婕妤三品亡尼志》，正书并篆盖，麟德二年（665）十二月入窆，1974年9月出土；

《韦珪志》，令狐德棻撰，正书并篆盖，乾封元年（666）十二

月二十九日入窆,1991 年出土;

《李蘱志》,刘祎之撰,正书并篆盖,总章三年(670)二月六日入窆,1971 年出土(其碑文出自高宗撰并行书);

《斛斯政则志》,正书并篆盖,咸亨元年(670)十一月十日入窆,1979 年 4 月出土;

《赵王李福志》,正书并篆盖,咸亨二年(671)十二月二十七日入窆,1972 年 5 月出土;

《燕氏志》,正书并篆盖,咸亨二年(671)十二月二十七日入窆,1990 年 5 月出土(其碑文出自许敬宗,高正臣正书,万宝哲刻字);

《阿史那忠志》,崔行功撰,正书并篆盖,上元二年(675)十月十五日入窆,1972 年 6 月出土;

《典灯志》,正书并篆盖,仪凤二年(677)十二月二十六日入窆,1975 年出土;

《元万子志》,正书并篆盖,仪凤三年(678)二月十四日入窆,1978 年 1 月出土;

《唐嘉会志》,正书并篆盖,与夫人元万子志同时入窆,又同时出土;

《优昙禅师塔铭》,正书,仪凤三年(678)六月八日后入窆,1979 年出土;

《昭仪志》,正书并篆盖,永淳元年(682)十月十一日入窆,1979 年出土;

《临川公主志》,郭正一撰,正书并篆盖,永淳元年(682)十二月二十五日入窆,1972 年春日出土;

《安元寿志》,郭正一撰,正书,光宅元年(684)十月二十四日入窆,1972 年出土;

《金氏志》,正书并篆盖,永昌元年(689)正月十三日入窆,

8

1986年1月出土；

《三品亡尼志》，正书并篆盖，长安三年（703）九月二十二日入窆，1986年3月出土。

其中《尉迟敬德志》盖为飞白书，初唐之绝少见者，尤足以矜重之。

（二）

盛　唐

质以代兴，妍因俗易，唐代书法随着社会经济、文化的繁荣发展，与文学、绘画诸艺术同声同气，互为影响，由沿袭陈隋而自开新境，因百花齐放而高峰竞起，至开元、天宝年间乃为中国书法发展史上的鼎盛时期。墓志书法步趋其间，亦并同演进。

大凡朱书铭石，有提腕、悬腕、枕腕三法。丰碑巨碣，悬空作业，多用提、悬二法；而志铭仄小，多用枕法，即空海和尚所记左手置右手下的所谓枕腕法。且南朝以来，志铭书法多近写经抄书，兼用指法，后经士大夫铭志，又多依平常书写积习，不独有行书上石，其指法、草意也渐见流露。若遇工师名匠，更是形具神生，尤近简牍帛纸者。铭石华饰之手法，经初唐而至是，已见精善。

开元、天宝年间，名才士与名书家所书的志石益多，存世可见者有如韩筠《陈泰暨妻房氏志》，岐王李范《李贤志》《李嗣庄志》，姚崇《石映志》，刘怀信《静泰塔铭》，魏少游《魏靖志》，李志暕《法澄塔铭》，阳伯成《薛璿志》《李肃邕志》，张若芬《张休光志》，元光济《郑湛志》，僧温古《景贤塔记》，玉真公主《金

9

仙公主志》，李守礼《高淑懂志》，萧定《惠源和尚志》，杜昱《优婆夷未曾有志》，褚庭海《程伯献志》《李氏志》，崔宗之《王冰志》，僧湛然《郑德曜志》《李氏志》《郑昱志》，裴朏《裴积志》，卢肃《赵琼琰志》，张旭《严仁志》，赵骅《李符瑞志》，徐珙《慕容相暨妻唐氏志》《□教志》，裴炫《豆卢建志》，张少悌《王四娘塔铭》《屈元寿志》，蔡希寂《蔡希周志》《李琚暨妻薛氏志》，史惟则《王颙志》，徐浩《玄隐塔铭》《张庭珪志》，李思诠《荣王第八女志》，韩择木《棣王琰志》《南川县主志》《朱氏志》，薛邕《魏氏志》，席彬《刘感志》，胡霈然《周献志》，田颖《刘元尚志》《张希古志》，顾诚奢《高元珪志》，刘秦《唐玄宗第五孙女志》，苏灵芝《刘奉智暨妻孙氏志》，以及书手王玄贞、李九皋、陈璨和画家李凑诸石，不仅在盛唐不失为名书佳石，且大都是中国书法史上仅见而具信值的珍贵资料，尤其近世出土的，除了前面已见引述外，褚庭海、张少悌之行书，蔡希寂、李凑之正书，韩筠、释湛然之隶书诸石，尚可补叙之。

褚庭海行书《程伯献志》，刘彤撰，开元二十七年（739）正月二十七日入窆，盖书于给事中任上。庭海，唐初名儒褚无量之子，开元五年（717）登文儒异等科，与徐浩同年，官至给事中。其名或作廷珪，廷，盖庭之讹。陶宗仪《书史会要》卷五有称："时人谓之小褚……李邕之差肩也。"此志出自《圣教》而加遒逸，风神并见丰茂，盖一盛唐行书之典型。

张少悌行书《屈元寿志》，申屠泚撰，天宝九载（750）三月十五日入窆。张少悌官至将作少监，以善书知名当代，颜真卿撰《李光弼碑》，而属其铭石，赵崡《石墨镌华》卷二有评"殊劲拔清圆，深得右军行草遗意"，盖不负时誉。是志，早《李光弼碑》十四年，尚具鲜妍，似为前期书法。张少悌又撰有《刘氏（鸿）权宁志》，志述其妻即翰苑书人刘秦之妹刘鸿，正书，甚精善,建中二年(781)十一月三十日入窆,亦近世出土。是志虽不署书人姓氏,然以其一代善书人,书铭妻石,当不宜另委于他人,或并出其手,属最晚之书迹。若是,张少悌两石,一行一正,一早一晚,洵可知其书法之嬗变。

蔡希寂正书两石,《蔡希周志》,张阶撰,天宝六载(747)十月十九日入窆;《李琚暨妻薛氏志》,张阶序,韩液铭,天宝七载(748)七月二十九日入窆,并端庄劲拔,不愧其弟蔡希综《法书论》"深工"之誉,尤其《蔡希周志》有称:"公讳希周,字良傅……公其先陈留济阳人……曾祖衍,隋晋王府东祭酒;王父元凯,皇清河郡漳南县令;列考勗之,汝南郡吴房县令……公即吴房府君第四子也……公同气九人,羁孤不振,诸兄未遇,群弟好书,生事废落,日阙无储。"又,其前有题"第七弟朝议郎行洛阳县尉希寂字季深书"云,弥可补史之阙。希寂同气九人,参《法书论》"第四兄缑氏主属希逸,第七兄洛阳尉希寂"之记,希周乃希综之兄,希逸乃其弟。希综所称"第四兄者",或包括诸姐在内。

李凑正书之《李氏志》,乃左补阙张之绪为其亡妻所撰,天宝十一载(752)二月二十四日入窆,1925年6月22日出土。是志,李凑书于广陵仓曹参军任上,或以为有唐墓志风格特殊者,独存魏晋人笔法,其实此书并不工,乃书者平常写判书牍手段,唯刻手高明,不见铭石华饰之陋习,故其书指法、草意,殆无一失,与他志迥然有别。李凑,李林甫之侄,以擅画见称于张彦远《历代名画记》。据其"初为广陵仓曹,天宝中贬明州象山县尉,年二十八"云,是书盖早年之作。

唐代墓志,以楷、行书为大宗,隶书甚少,叶昌炽光绪年间撰《语石》,所见仅五石,且其中初、盛唐三志,皆不署书人。近世出土志石,隶书渐见增多,现今可见,署书人名者,神龙至天

11

宝五十年间，竟有十二石，谅可裨益书史之研究。其中徐浩《张庭珪志》和顾诚奢《高元珪志》已见前章引述外，其他尤可称述者，当推韩筠《陈泰暨妻房氏志》和释湛然《郑德曜志》两石。

韩筠《陈泰暨妻房氏志》，志文亦出其手，神龙二年（706）十二月二十七日入窆，隶书古逸，虽入楷法，然尚未见唐隶陋习。韩筠，事迹无考，以其署"敕选"，盖得唐中宗李显之御简，为当时一善书者。隶书入志而署书人名者，以此石为初见，盖可记述。

释湛然《郑德曜志》，卢僎撰，开元二十八年（740）十一月十九日入窆。湛然（711—782），时为大福光寺僧，俗姓戚，常州（今属江苏）人，为天台宗智者法师五代传人，左溪朗公之法子，时称"荆溪尊者"，赞宁《宋高僧传》为之立传。以真、行书名世，吕总《续书评》有"子云（萧子云）之后，难与比肩"之评。近世河南偃师出土有其撰并正书《李氏志》（天宝元年正月三日入窆），书法出自钟繇而更加丰逸，盖缁流善书而别具一格者。是志隶书风神不及楷书，而精能不在其下，适可见当时虽高僧亦不免俗，每每寄情书法，一专多擅，且并效新体，不见落伍。

至于隶书名石《戴令言志》，贺知章撰于太常博士任上。开元二年（714）十二月七日入窆，近世洛阳出土。志盖亦隶书。书作方体，出自北朝而见唐人气象。叶昌炽《语石》以为出自贺知章并书，盖属臆断，恐难征信。

12

（三）

中　唐

"安史之乱"后，中原遭破坏，郭子仪曾记当年情景："东周之地，久陷贼中，宫室焚烧，十不存一。百曹荒废，曾无尺椽，中间畿内，不满千户。井邑榛棘，豺狼所嗥，既乏军储，又鲜人力。东至郑、汴，达于徐方，北自覃怀，经于相土，人烟断绝，千里萧条。"①刘晏致书权相元载亦言："函、陕凋残，东周尤甚。过宜阳、熊耳，至武牢、成皋，五百里中，编户千余而已。居无尺椽，人无烟爨，萧条凄惨，兽游鬼哭。"②永泰年间（765—766），颜真卿官居二品，而举家食粥，这也是事实。"戊申之年，葬者通岁"（李昂《李邕志》），戊申即大历三年（768），值代宗即位初年，时趋升平，诸多乱世权厝之枢，迁神崇邙，归葬先茔，孝子贤孙，亦莫不竭力丧事，然撰文铭石，多出简陋，刻上亦见草率，盛唐景象已不复可睹，即如一代名书家李邕，生前碑版照四裔，其文、其书，天下景仰，千古流传，而死后墓志，族子著作郎李昂之撰述，已见平平；书手铭石之生涩，刻工镌字之粗劣，尤可扼腕，为之叹惜。其后，有唐王朝经历大历之苟安、贞元之休息、永贞之革新，至元和削藩六十五年来，逐渐具兴复气象，"不图贞观、开元之化，复睹于今日矣！"③文学艺术亦随着元和之治而繁荣发展。其间，书法人才荟萃，复显昌盛。

李肇《国史补》记当时"长安中争为碑志，若市贾然，大官

---

① 〔后晋〕刘昫：《旧唐书》卷一百二十《郭子仪传》，中华书局1997年版，第3449页。

② 〔后晋〕刘昫：《旧唐书》卷一百二十三《刘晏传》，中华书局1997年版，第3511页。

③ 〔唐〕崔群：《元和圣文神武法天应道皇帝册文》，吉林文史出版社2000年版，第6922页。

薨卒，造其门如市，至有喧竞构致，不由丧家"云，谀鬼之风甚炽且盛。名书家如刘秦、徐浩、张少悌、吴通微、韩秀实、皇甫阅、徐珙、沈传师、归登、柳公权诸人莫不应人所请，伏案铭石。近世出土，尤以徐珙为多，凡四石，并隶书，特近徐浩气格。①徐浩名高一代，碑版四裔，存世尤以隶书为多，王澍《虚舟题跋》直谓"唐人隶书之盛，无如季海，隶书之工，亦无如季海"。其子侄如璹、现、璨、琦、玫和斑、顼、场以及珙等群从兄弟多善书，唯隶书之外，楷书可见者甚少，参阅近世出土的徐顼《李皋志》，劲雄古拙，亦全出其叔季海之法，其家学传统之久盛，自可概见。无独有偶，近世出土之中唐志石，书者以孙氏为多，且并出盛唐名才士、颜真卿座师孙逖一族。如其侄公辅（弟遘之子）贞元五年（789）有撰并正书《孙君暨妻李氏志》；其孙即桂州刺史孙成之子保衡，永贞元年（805）有正书裴坰《孙君暨妻卢氏志》；审象，元和二年（807）有正书孙保衡《郑炼暨妻孙氏志》；侄孙景商（弟遘之孙），开成五年（840）有正书所撰《李氏志》，大中六年（852）正书旧铭《孙廿九女志》。同时，又有行书名家孙藏器，或为其群从兄弟。此第三代也。第四代则有孙备、孙储（景商之子）和孙顼（景商之侄）。第五代又有孙纾、孙徽、孙铼、孙纲、孙紫（逖之后）和孙郑九、孙阿陀（遁之后）以及孙郢等群从兄弟诸人，书法并见不俗，盖出自孙氏家学之渊源。是亦可知唐代士族书法教育之传承。

　　中唐志石出自非名书家手笔，而精善可喜，堪称上品者，有刘钧《大德演公塔铭》（杨叶撰，贞元十八年正月二十三日入

　　① 清代叶昌炽《语石》记珙为浩之子，然珙于天宝元年（742）已书陈齐卿《慕容相暨夫人唐氏志》，三载（744）撰书《□君夫人□教志》又署洛阳进士，而浩生于长安三年（703），天宝元年（742）仅为不惑，且《古迹记》明言蓣为长男，则珙不当为浩之子。按浩子璹、现、璨、琦、玫及兄浚子斑、顼、场并从玉，珙盖为其群从兄弟。

窆）、崔巨雅《李辅光志》（崔元略撰，元和九年四月二十五日入窆）、寇立《窦氏志》（王众仲撰，元和十二年闰五月十三日入窆）和崔倬《崔洧志》（崔耽撰，开成元年二月十四日入窆）四石，并正书。其中崔倬即大中五年（851）宋州刺史任上摹刻颜真卿《八关斋会报德记》者，其有叙称"倬自幼学慕习鲁公书法，才不能窥涉其门宇"云，《崔洧志》下距仅十五年，盖可见其慕习颜书之不诳。

至于名才士吕恭《吕渭暨妻柳氏志》及《柳氏志》（并吕温撰，贞元十六年十二月八日入窆）；符载《李氏志》（并撰，篆盖，元和七年八月七日入窆）；名刻工屈贲《张惟暨妻王氏志》（并撰，贞元二十一年二月二十日入窆，清光绪二十三年出土）、《张曛志》（并篆盖，崔归美撰，元和八年十一月二十三日入窆）以及以重金求得萧子云飞白书"萧"字者皇室李约之《杨珽志》（魏则之撰，大和四年十月二十九日入窆）和以奸邪著名、恶颜真卿令奉使李希烈竟殁于贼者权相卢杞之《卢涛志》（并撰，大历十一年十一月十六日入窆）并正书工雅，且近世出土，未经泐损，也洵足珍贵，宜加称述者也。

（四）

晚　唐

唐代书法教育，自贞观二年（628）于国子监内设置书学以来，殆成制度。后经"安史之乱"，间有破坏，至唐宪宗元和二年（807）加以整顿，确定西京书馆生徒十员，东都三员，其虽少于贞观、开元年间，然反正拨乱，尤于培养专门人才，中兴书法事业，以致追仿唐太宗、唐玄宗之风，则厥功至伟，诚如路隋

15

《上宪宗实录表》所言"今之举盛烈者，贞观、开元、元和而已"。树之前因，报以后果，晚唐志石书法一变中唐流风，自圆厚紧密而趋峻秀疏朗者，正是元和年间"葺国学以振儒风"[1]，艺文一变者影响之所及。

至唐文宗开成二年（837），敕准国子监所奏翰林待诏、覆定《石经》字体官唐玄度有关九经字体之报告，即依大历年间国子司业张参《五经字样》为准绳，诸经之中别有疑阙，旧字样未载者，乃与校勘官同商较是非，取其适中，纂录《新加九经字样》一卷，附于《五经字样》之末，用证纰误。九经字体之刊石（后称《开成石经》）于国子监内，不但对书馆学生、在学生徒，就是对士林中人尤其台省书者以及社会文化的厘正文字，也是有着很大规范作用的。按"书契之作，适以记言"，其记言者，无论铭石，抑或书判，都必须字形正确规范。张参《五经字样》与著名的颜元孙《干禄字书》，其注重字形，讲究正体，历来被视为有唐正字学的经典著作。适在同时，杨汉公又于湖州重摹颜真卿所书《干禄字书》（开成四年），影响甚大。"夫筮仕观光，惟人所急。循名责实，有国恒规。既考文辞，兼评翰墨，升沉是系，安可忽诸"[2]。其立石树典，功名是用，有助于楷书字体趋向统一而更具规范。晚唐志石较之初、盛唐乃至中唐文字，通、俗之骤减，正体字之渐增，盖归功于唐文宗刊立《石经》以正文字者。

晚唐志石，多出经生、书手以至于刻工如韩师复辈手笔，其素质平俗，不堪入流，故书坛寂然，已入每况愈下之境，从中稍可称述者，唯有出自翰苑中人如毛伯贞、朱玘、唐远、张宗

---

① 《元和三年试制举人策问》，见北宋宋敏求编纂的《唐大诏令集》卷一百六，学林出版社 1992 年版，第 498 页。

② 〔唐〕颜元孙：《干禄字书》序言，中华书局 1985 年版，第 4 页。

厚、史颀、毛知俦、董咸、郭弘范、毛知微、那希言、张元龟、王谦逢、董璟、姜仁表、阎湘、王正己诸人之所书诸石（包括志盖），其中以毛伯贞、朱玘、张宗厚最为著名。

毛伯贞，大中中叶以舒州、襄州长史充任翰林待诏，以篆书名世，《宝刻类编》收有其篆额七石，其中有柳公权《韦元素碑》一通，柳公权乃一代名书家，且亦善篆，又喜篆额，著录所见甚多，而《韦元素碑》独留属毛伯贞篆额之，参阅近世出土的《吕氏志盖》（毛伯贞并撰，吕文广正书，大中五年七月十二日入窆）和《阎知诚志盖》（郑晦撰并行书，大中十二年二月二十一日入窆）两石篆书，并作玉箸篆，圆劲朴厚，诚不失晚唐名篆手笔，柳公权自宜退避三舍，虚左允属其题写额款矣。

朱玘，《宝刻类编》记其碑版七石，大都行书铭石，今已无片石见存。近世出土有《仇氏志》，唐宣宗撰，系奉敕行书，唐远篆盖（已佚），大中五年（851）八月四日入窆。书出《圣教序》，雅劲有法度，几无当时翰苑习气。刻工强琼，与刻玉册官强琼，其名并出玉字，或为兄弟辈，其署中书省刻字官，当亦为玉册官内老工师，翰苑奉敕所书如《平原长公主志》《贵妃杨氏志》《崔氏志》，并出其手，手法精善，不下于刻字名匠邵建和、邵建初兄弟，故尤宜是志书法形质并精，最见传神之特佳者也。是时，朱玘以中散大夫守茂王（愔）傅，充翰林待诏。

张宗厚，亦当时名家，《宝刻类编》记有碑版五石，唯存世已不可得见。近世出土有《平原长公主志》（独孤霖撰，毛知俦篆盖，强琼刻字，咸通四年四月十七日入窆），《贵妃杨氏志》（刘允章撰，董咸篆盖，强琼刻字，咸通六年七月二十三日入窆），《晋康公主志》（卢深撰，毛知俦篆刻，咸通七年七月三十日入窆）三石，并奉敕书，前二石为楷书，后一石为行书。行书无足观，院体风貌殊多，唯其楷书健劲峻险，为晚唐书风之典型,或出自柳公权之影响。①

至于名石《柳老师志》,又名《柳氏长殇女志》,柳仲郢所撰(会昌五年六月二十一日入窆),书法遒劲疏朗,纯出柳氏家法。又有《陈兰英志》,柳知微所撰,大中四年(850)十二月十一日书,亦具柳氏规矩。以上两石,一兄以志其妹,一夫以记其妇,或以为即撰者所自书。其果若如是,盖亦可见柳公权家学之后劲。

晚唐志石可称述的,还有《程修己志》一石,温宪撰,程进思正书,程再思篆盖。咸通四年(863)四月十七日入窆。程修己(804—863),晚唐著名书画家,志记称其书画事二则:一,"公于草隶亦精绝,章陵(唐文宗)玉册及懿安太后(郭氏)谥册,皆公之书也。丞相卫国公(李德裕)闻有客藏右军书帖三幅,卫公购以千金,因持以示公。公曰:'此修己给彼而为,非真也。'"李德裕多蓄古物,时称图书之府,记述于张彦远《历代名画记》,程修己所临右军帖,竟误以为真迹而购以千金。是亦可见程氏学王字之善精。二,"公尝云:'周侈伤其峻(□□□昉),张鲜忝其淡(张太府萱),尽之其为韩乎!'又曰:'吴怪逸玄通,陈象似幽恚,杨若痿人强起(庭光),许若市中鬻食(琨)。'"周昉、张萱、韩幹、吴道子、陈闳、杨庭光、许琨皆中唐一代名画家,其微词如此,足见程氏之自诩,是或可供研习美术史者参考。此志楷书,清劲秀雅;篆书,古淡遒健,为晚唐别具一帜者,殊可称美。进思为程修己长男,再思乃第三子,其兄弟书出家学,而不受翰苑流风所陶染者,亦当为一时杰也。

(选自笔者著《中国书法史:隋唐五代卷》)

---

① 张宗厚,生平未详,据出土志石可知,咸通四年(863)任右威卫长史,六年(865)任泗州司马,七年(866)任凉王府谘议参军。史有记张宗厚者,幽州节度使张弘靖从事,为一轻佻之人,《旧唐书》卷一百二十九《张弘靖传》有记长庆元年(821)七月甲寅,因幽州军乱,囚张弘靖,"执韦雍、张宗厚辈数人,皆杀之"。咸通上距长庆有四十年之多,其非同一人者,盖甚明矣。

目　　录

隋

开皇三年(583)

十月十九日　　　济州前法曹参军房导正书《刘鉴志》。

开皇十年(590)

十月十六日　　　燕幽二州刺史尤超隶书并篆盖杨坤《黄丹志》。(失盖。)程淼刻字。

大业七年(611)

十月廿一日　　　太常博士欧阳询正书虞世基《姚辩志》。万文韶刻字。

大业九年(613)

三月十日　　　　秘书省校书郎萧德言正书所撰《豆卢贤志》。篆盖"大隋故通议大夫大理卿楚国公豆卢公志"四行十七字。

大业十二年(616)

十月廿六日　　　直秘书省韩凤卿隶书陆措《齐士幹墓志》。篆盖"隋故奋武尉汝阴郡丞齐府君墓志之铭"四行十六字。

唐

武德五年（622）

| 三月 | 欧阳询隶书所撰《窦抗志》。 |

贞观五年（631）

十月廿九日　李神植正书《李元轨志》。

十一月十六日　率更令欧阳询正书李百药《化度寺邕禅师舍利铭》。

张行博书《法华寺舍利塔铭》。（《宝刻类编》卷二，待访。）

贞观十年（636）

虞世南行书所撰《汝南公主志》。

贞观十一年（637）

检校太子右庶子银青光禄大夫欧阳询正书所撰《温彦博志》。

贞观十九年（645）

四月廿四日　书石生陈善行正书《郑太妃张宠则志》。篆盖"大唐郑国故太妃张氏墓志铭"四行十二字。苗行式刻字。

显庆元年（656）

二月八日　前雍州高陵县尉王知敬正书许敬宗《杜楚客志》。篆盖"大唐故嵩高征士前工部尚书杜君墓志"四行十六字。

显庆二年（657）

二月二日　原州都督府记金参军石利宾正书赵弘济《赵顺志》。文林郎万文韶刻字。

十一月十八日　梓州盐亭县尉张玄靓正书上官仪《张士贵志》。篆盖"大唐故辅国大将军荆州都督虢国公张公墓志铭"五行廿字。

显庆三年（658）

十月十二日　敬客正书上官灵芝《王公砖塔铭》。

显庆五年（660）

正月八日　李弘俊正书《李仁鉴夫人辛氏志》。

龙朔二年（662）

九月十五日　陕州刺史李端瑞隶书《李晦志》。

龙朔三年（663）

二月　贺兰敏之行书所撰《法门寺舍利塔铭》。

麟德二年（665）

是岁　　　　　畅整书僧灵瓒《西明寺忍辱阇黎塔铭》。
　　　　　　　（《宝刻类编》，待访。）

乾封元年（666）

八月廿七日　　前冀州昌乐县尉李义冲正书所撰《李綱志》。篆盖"大唐故李府君墓志铭"三行九字。

总章二年（669）

五月十五日　　殷仲容隶书李俨《大兴善寺舍利塔铭》。

咸亨元年（670）

十月四日　　　右威卫仓曹参军敬客正书崔行功《王大礼志》。

咸亨三年（672）

二月廿二日　　钟绍京正书《王度志》。

咸亨四年（673）

十一月廿一日　前岐州岐阳县令孙儆正书杨再思《董仁暨夫人戴氏志》。

上元元年（674）

十一月三日　　韦逊正书令狐简《韦讽志》。

调露元年（679）

十月十四日　　　李仁侃正书一其婴《姜化志》。

十二月廿六日　　朝议大夫行司勋郎中上骑都尉渤海县开国
　　　　　　　　男欧阳通正书王德真《泉男生志》。篆盖
　　　　　　　　"大唐故特进泉君墓志"三行九字。

永淳元年（682）

七月十八日　　　赵景公寺僧满愿正书招福寺僧师玄《宋感
　　　　　　　　志》。

十月廿六日　　　泽州司马陈熙良行书马雄《虞恒志》。

文明元年（684）

三月　　　　　　欧阳通正书邓玄挺《欧阳询夫人徐氏志》。

八月五日　　　　王神祐正书《王岐暨夫人孙氏志》。篆盖
　　　　　　　　"大唐故王府君墓志铭"三行九字。

垂拱元年（685）

四月廿二日　　　薛曜、薛骆、薛缤（序），薛毅、薛俊（铭）正书崔
　　　　　　　　融《薛元超志》。篆盖"大唐故中书令赠光
　　　　　　　　禄大夫秦州都督薛公墓志铭"五行廿字。
　　　　　　　　万之奴、万之抗刻字。

十月三十日　　　朝散大夫给事中卢献正书周思茂《高真行
　　　　　　　　志》。万宝哲刻字。

垂拱三年（687）

二月三日   崔元庆书《崔贵仁暨夫人闾氏志》。（其记前一日书。周绍良《唐代墓志汇编》，待访。）

二月   补潞州壶关婺州武义尉李乂正书所撰《李慈志》。（志主卒于二月十一日。）

垂拱四年（688）

十一月十七日   郑庄正书朱宾《梁寺暨夫人唐惠儿志》。

天授二年（691）

二月十八日   文林郎齐州历城县尉董履素正书史宝定《衡义整暨夫人元氏志》。

十月十二日   萧令忠正书萧发晖《萧珪志》。篆盖"唐故朝散大夫濮州长史萧府君墓志铭"四行十六字。

长寿二年（693）

二月十三日   王子游正书王元辅《王基暨夫人皇甫氏志》。

二月十三日   丘猗都尉严怀贞正书王相《杨基志》。篆盖"大唐故杨府君墓志铭"三行九字。

长寿三年（694）

五月十九日   弘文馆学生阎安贞正书所撰《阎泰志》。

是岁   孙谟正书颜令伯《李文义志》。

延载二年(695)

正月五日　　　　成均进士张唐□正书所撰《赵门志》。

万岁通天二年(697)

八月十五日　　　殷祚正书所撰《周化度寺道感法师塔铭》。

九月九日　　　　路徽芝正书《庞同本志》。篆盖"大周故左
　　　　　　　　千牛卫将军上柱国庞府君铭"四行十六字。

十二月廿八日　　刘楚璋正书垣其莹《刘感志》。

圣历元年(698)

六月十八日　　　太子家令寺司藏丞郑务览正书吴大江《王
　　　　　　　　夫人志》。

圣历二年(699)

二月十一日　　　上官珪正书吴扬吾《周善持志》。

三月廿九日　　　前河内县主簿王景正书薛稷《王德表志》。
　　　　　　　　（末款记内供奉张元敬镌，外孙弘农杨伋书。）

十月三日　　　　洛州参军宋之问正书并篆盖杜审言《王绍
　　　　　　　　文暨夫人袁氏志》。（失盖。）

圣历三年(700)

正月十一日　　　朝议大夫行雍州录事参军长孙琬正书武三
　　　　　　　　思《武承嗣志》。

腊月十七日　　　右监门卫长上刘从一正书韦承庆《高质
　　　　　　　　志》。姚处璟、常智琮、刘郎仁刻字。

久视元年(700)

闰七月六日　　给事中徐彦伯正书所撰《仇立本志》。篆盖"大周故仇府君墓志铭"三行九字。

十月五日　　前麟台书手蔺元琛正书所撰《张雄贞志》。

十月廿八日　　河北道安抚大使狄仁杰正书所撰《袁公瑜暨夫人孟氏志》。篆盖"大周故袁府君墓志铭"三行九字。

长安元年(701)

十二月　　钟绍京书张嘉贞《周静法师方坟记》。(《宝刻类编》卷二,待访。)

长安二年(702)

五月六日　　明经天官常选□李夐正书崔玄暐《李义琳暨夫人魏氏志》。尚方监直司陈怀义刻字。

十一月廿七日　　将军吴洊行书严识玄《吴师盛暨夫人窦德弘志》。

长安三年(703)

三月廿四日　　朝议郎上柱国前怀州武陟县主簿权童光正书《慕容思观志》。篆盖"大周故慕容府君墓志"三行九字。

神龙元年(705)

三月五日　　石抱璧正书郑休文《安令节志》。

8

神龙二年 (706)

闰正月一日	韦望之正书岑羲《韦知艺志》。
十月十五日	右卫勋二府勋卫张子期正书张奉璋《宋思九志》。篆盖"大唐故宋君墓志之铭"三行九字。
十一月	魏华正书《魏叔瑜夫人王氏志》。
十二月廿四日	中书舍人郑愔制铭（正书）岑羲撰《韦承庆志》。篆盖"大唐故银青光禄大夫行黄门侍郎赠礼部尚书韦府君墓志铭"五行廿五字。
十二月廿七日	别敕选韩筠隶书所撰《陈泰暨夫人房氏志》。

神龙三年 (707)

二月四日	朝仪郎前行同州司兵参军孔敬元正书史祥《窦怀让志》。陈宝藏刻字。

景龙二年 (708)

二月廿七日	礼部郎中薛稷正书李迥秀《房先忠志》。篆盖"大唐故赠左金吾卫大将军房君墓志铭"四行十六字。
十月十四日	太中大夫□秘书监修文馆学士刘宪奉敕正书崔湜《赠韦城县主韦氏志》。

景龙三年 (709)

二月四日	朝议郎行同州司马孔敬元正书史祥《窦怀

讓志》。陈宝藏刻字。

二月十五日	右金吾卫别驾王守道正书所撰《王行淹志》。
七月十九日	荆府法曹参军李为仁正书柳绍先《许崇暨夫人杨氏志》。
七月辛酉	礼部尚书（郎）兼兵部员外郎李崇德正书所撰《李崇义志》。王金安刻字。
八月	颜叔坚正书苏颋《武承规志》。
十月廿六日	王蒙隶书梁载言《王震志》。
十月廿六日	金城县开国男李敫正书元莹《卢廉贞志》。
十二月三日	右内率府录事李守直正书夏侯贞实《李贞庶志》。

景云元年（710）

| 十一月廿五日 | 壮武将军行左千牛中郎上护军豆卢欣期正书卢藏用《豆卢光祚夫人薛氏志》。 |
| 甲申月戊申日 | 宣仪郎前汉州绵竹县尉虞卤正书元莹《丘知几志》。 |

景云二年（711）

二月廿七日	云骑尉吕光庭正书司马道《张伏宝志》，篆盖"大唐故张府君墓志铭"三行九字。
八月廿四日	宣德郎行太子校书郎单有邻正书所撰《萧守规志》。
十月十九日	太常寺兼左卫率岐王李范正书卢粲《雍王李贤志》。篆盖"大唐故章怀太子并妃清河

10

房氏墓志铭"四行十六字。

太极元年（712）

四月十日　　　　沙门□具正书于冲《于思让志》。

延和元年（712）

六月四日　　　　仇景阳正书《仇文远志》。

先天元年（712）

十月十三日　　　崔处信正书马克麾《王洛客志》。篆盖"大
　　　　　　　　唐故王府君墓志铭"三行九字。

先天二年（713）

三月廿二日　　　裴无惑正书魏烜《裴怀古志》。

开元二年（714）

正月廿三日　　　宣德郎行许川彦军李义正书廉休璿《纪陕
　　　　　　　　儿志》。

九月廿四日　　　郑州阳武县丞李瑜正书李允光《李魏相
　　　　　　　　志》。篆盖"大唐故李府君墓志铭"三行九
　　　　　　　　字。张仙刻字。

十一月六日　　　吏部常选李叔良正书贾大义《李知古志》。
　　　　　　　　篆盖"大唐故李府君墓志铭"三行九字。

是岁　　　　　　书手王玄贞书崔宽《六度寺侯莫陈智达大
　　　　　　　　师寿塔铭》。（六月十日涅槃。周绍良《唐代墓志汇

编》,待访。)

是岁	僧法兴书所撰《王瓘志》。(陈思《宝刻丛编》卷七引《京兆金石录》,待访。)
是岁	京兆进士雷咸正书所撰《赵勔志》,隶盖"大唐故赵府君之墓志"三行九字。(撰书人款,疑后加。)

开元三年(715)

十月廿二日	宣德郎魏州馆陶县尉姚文简正书张九龄《崔哲夫人源氏志》。
十月廿四日	陈岘正书杨拯《房承先夫人吴氏志》。
是岁	僧净藏书利法师《太一寺法海禅师塔铭》。(陈思《宝刻丛编》卷七引《京兆金石录》,待访。)

开元四年(716)

五月廿一日	郑景良正书《郑景良夫人薛氏志》。

开元五年(717)

二月廿五日	前常州参军张禹□正书郑齐丘《萧德珪志》。
八月五日	宣德郎行右卫录事参军欧阳植正书所撰《元思忠志》。
十月十九日	上官珪正书《董嘉斥志》。刘禄刻字。
十月十九日	裴友顺正书辛怡谏《裴悌志》。
十月廿五日	光禄寺主簿郑璆正书马怀素《崔升夫人郑氏志》。

开元六年（718）

正月一日　　　前徐州萧县尉易阳县开国男刘遵睿正书所撰《李凤志》。篆盖"唐故通事舍人李府君墓志铭"四行十二字。

正月十四日　　太常寺协律郎吴晃正书张希迥《严识玄志》。万光刻字。

正月廿六日　　赵昂正书衡守直《邓成志》。篆盖"大唐故邓府君墓志铭"三行九字。

正月　　　　　萧元皎正书齐望之《陈延喜夫人穆氏志》。

十月廿二日　　朝议郎行职方员外郎许景先行书所撰《萧元礼志》。篆盖"大唐故萧府君墓志铭"三行九字。

十二月一日　　张市正书宋温璩《卢正权志》。

是岁　　　　　京兆进士雷咸正书所撰《赵勔志》。隶盖"大唐故赵府君墓志铭"三行九字。

开元七年（719）

十月一日　　　银青光禄大夫守吏部尚书兼侍中监修国史上柱国广平郡开国公宋璟奉敕正书苏颋《王仁皎志》。篆盖"大唐赠太尉王公墓志"三行九字。

开元八年（720）

七月廿日　　　前清庙台斋郎吏部常选阎思明正书褚璆《刘君志》。

| 十月十八日 | 国子明经贾庭芝正书孙浩然《周利贞志》。 |
| 十一月十二日 | 于迥书张景《于荣德志》。（吴钢《全唐文补遗》第八辑，待访。） |

开元九年(721)

二月七日	樊恒正书崔尚《樊侃志》。
二月廿五日	朝议郎行深州参军丁羽客正书并篆盖所撰《丁元裕志》（甘思齐正书序文。）篆盖"大唐故丁集州志石文"三行九字。
四月九日	孙广正书《贾感暨夫人鲜于氏志》。
十一月六日	梁炜正书梁炫《梁皎暨夫人郑氏志》。
十一月六日	太子太傅岐王李范正书所撰《李嗣庄志》。
十一月	孙翌正书所撰《郭思谟志》。

开元十年(722)

| 三月廿三日 | 荥阳主薄王湾正书《王熙志》。 |

开元十一年(723)

二月十三日	河南府河阳县尉刘同升隶书杨仲昌《高元思志》。（杨温业隶书撰铭。）
十月五日	李迪隶书崔沔《崔泰之志》。篆盖"大唐故工户部尚书赠荆州都督清河郡开国公崔府君墓志铭"五行廿五字。
十一月十日	朝散郎前仙州西平县丞骑都尉卢㑑正书崔荆《崔绍夫人卢氏志》。篆盖"大唐故渔阳君墓志铭"三行九字。

十一月十日	朝散郎仙州西平县丞卢铤正书独孤册《崔绮志》。

开元十二年（724）

正月十一日	武阳郡王李继宗正书《于隐夫人李氏志》。篆盖"唐故金乡县主墓志铭"三行九字。
四月庚午日	尚书右仆射姚崇正书所撰《石映志》。
六月八日	朝请大夫守都水使者魏哲正书崔沔《郑齐丘志》。
七月三日	秘书省楷书手李九皋正书徐竣《张美人（七娘）志》。
八月	刘怀信正书吕向《温国寺静参法师塔铭》。
九月六日	尚书省楷书李九皋正书徐峻《阿史那毗特勒志》。
十月廿三日	李玙正书陈贞节《李寂志》。
十一月四日	中大夫行太子中舍人柱国建安县开国子陈郡殷承业隶书胡皓《庞承训志》。
十一月十六日	冯大明正书并篆额所撰《冯客志》。篆盖"大唐故冯府君墓志铭"三行九字。
十一月廿六日	湖州安吉县尉杨先庭正书孙先庭《支万彻志》。
闰十二月廿四日	崔矫行书崔尚《李仲思志》。
是岁	康晋书王羡门《康玄辩志》。（陈思《宝刻丛编》卷八引《京兆金石录》，待访。）

开元十三年（725）

十月一日	并府北崇福寺僧邈文书兼题榜僧慎贞《王

	庆暨夫人张氏志》，常思恩刻字。（周绍良《唐代墓志汇编》，待访。）
十月廿日	少府监录事翟好学正书王处廉《王景志》。篆盖"大唐故王府君墓志铭"三行九字。
是岁	孙诉正书所撰《孙珍志》。（十三年十一月九日卒。）篆盖"大唐故孙府君墓志铭"三行九字。

开元十四年（726）

正月三十日	前国子进士崔潭正书崔澄《郑翰志》。篆盖"大唐故郑府君墓志铭"三行九字。
四月十八日	安府参军李岳隶书李昉《李夫人张氏志》。
五月十九日	河内秀才孙诉正书所撰《孙玠志》。篆盖"大唐故孙府君墓志铭"三行九字。
十一月八日	前京兆府美原县丞李睿正书李升期《李迪志》。篆盖"大唐故李府君墓志铭"三行九字。
十二月卅日	濮州鄄城县丞诸葛嗣宗正书苏晋《郭虔瓘志》。
是岁	元鼎书苏味道《崇福寺怀素塔铭》。（《宝刻类编》卷三"元鼎"名下注，或作"韦鼎"，待访。）

开元十五年（727）

正月廿四日	魏少游正书刘升《魏靖志》。篆盖"唐故右金吾将军魏公墓志铭"四行十二字。
二月廿九日	承议郎前行资州参军温王进书梁涉《萧寡尤志》。文郎直将作监长入内供奉栗仙鹤刻字。（吴钢《全唐文补遗》第八辑，待访。）

16

二月廿九日	丹州司仓参军杨光业（铭）、褒州参军杨景先（序）正书蒋励志《杨魏成志》。篆盖"大唐故杨府君墓志铭"三行九字。
七月廿七日	三卫引驾张勔正书郑虔《郑仁颖暨夫人董氏志》。
八月九日	王少伯正书《陈颐暨夫人蔺氏志》。
九月三日	杨汲正书贺知章《杨执一志》。篆盖"大唐故杨府君墓志铭"三行九字。
闰九月十七日	孙宰正书孙氏《孙夫人洪兰志》。
闰九月廿七日	前乡贡明经高宇正书高盖《高宪志》。
十月廿三日	薛王府执仗王有志正书崔岑《杨高仁暨夫人王氏志》。
十一月廿二日	钱琇正书贺知章《郑绩志》。

开元十六年（728）

| 八月十八日 | 将士郎陆尚宾隶书梁涉《阿史那怀道志》。篆盖"大唐故史特进墓志铭"三行九字。 |
| 是岁 | 马极书韩休《王绚志》。（陈思《宝刻丛编》卷八引《京兆金石录》，待访。） |

开元十七年（729）

二月十四日	上官初正书赵子羽《王秘志》。
七月十一日	张庭珪隶书李讷《东林寺佛驮禅师舍利塔铭》。
八月廿六日	朝议郎前行蜀州清城县尉燕国公于遵孝正书赵不为《王同人志》。

八月廿六日	魏州馆陶县尉杨增正书杨轼《杨仲膺志》。
十一月廿三日	宗正卿嗣彭王李志暕正书所撰《兴唐寺主尼法澄塔铭》。朱曜光刻字。
十一月廿三日	郑顼正书王愉《郑择言志》。篆盖"大唐故郑府君墓志铭"三行九字。（有翻刻本，署"太子舍人贾曾书"。）

开元十八年（730）

五月十九日	刘子英行书家臣等撰序王进(铭)《刘濬志》。楷盖"大唐故刘府君墓志铭"三行九字。
六月七日	薛希昌隶书崔尚《郑融志》。篆盖"大唐故郑府君墓志铭"三行九字。
七月九日	韦元祎正书崔沔《李畅志》。
十月十三日	将作直张乾护正书并镌王丘《卢正言志》。
十一月一日	邺郡太守吴兢正书所撰《刘馀志》。
十一月十日	兵部常选周良弼正书周敬友《周义志》。
十一月廿日	河南县尉许景休正书韩休《许杲志》。篆盖"大唐故许府君墓志铭"三行九字。
十二月十六日	李光辅正书《李行志》。
龙集庚午	通宣郎前行邢州南和县尉高宽正书《高惩志》。

开元十九年（731）

| 正月廿三日 | 商州司马直宁王府丁藏思正书李宪《王仁恝志》。徐韵、杨麟等刻字。 |
| 六月 | 崔庭玉行书宁王李宪《汝阳王长女志》。 |

18

二月十二日	陈载正书裴炯《慈和禅师志》。
七月十五日	前直秘书别敕留集贤院供奉张怀瓘隶书吴巩《李登志》。
十一月一日	温祯正书《温任志》。楷盖"大唐故温府君墓志铭"三行九字。
十一月廿一日	薛维翰正书房密《李夫人张氏志》。李仙玉刻字。
十一月廿七日	门客东海摇宝珪正书张修文《司马铨志》。
十一月廿七日	前晋州司士卢践微书卢绚《卢正容志》。（吴钢《全唐文补遗》第八辑，待访。）
十一月廿七日	卢践微正书石岑《卢有邻志》。篆盖"大唐故卢府君墓志铭"三行九字。

开元廿年（732）

二月十二日	陈载正书裴炯《尼慈和志》。
二月廿一日	唐逸正书陈利见《王令暨夫人李氏志》。篆盖"大唐故王府君墓志铭"三行九字。
八月廿日	左司郎中阳伯成正书王仲丘《薛璿志》。
八月	朝散大夫中书舍人梁升卿隶书张九龄《张说暨夫人王氏志》。鄜州三川县丞卫灵鹤刻字。
十二月	京兆府醴泉县尉窦友则隶书所撰《冯礼本志》。

开元廿一年（733）

| 二月十六日 | 前宁王府参军郑琪正书韦良嗣《卢正道 |

志》。

二月廿八日　　　前太常寺太祝姚黯正书魏启心《姚夫人杨万五千志》。篆盖"大唐故姚府君墓志铭"三行九字。

三月五日　　　　吉州刺史徐峤之正书李邕《张之辅志》。

四月十三日　　　房宽正书崔镇《房夫人崔顺志》。篆盖"大唐故崔夫人墓志铭"三行九字。

十月廿八日　　　前左司郎中阳伯成正书所撰《李肃邕志》。

十一月廿七日　　郭干正书《李贞志》。

十二月　　　　　卢光远行书萧华《韦晙夫人萧氏志》。

八月廿日　　　　宣德郎行都太公庙丞骑都尉敦煌县开国男梁宾书所撰《契苾尚宾志》。（吴钢《全唐文补遗》第八辑,待访。）

是岁　　　　　　崔庭玉行书张九龄《王已志》。

开元廿二年(734)

四月廿四日　　　陈潭正书所撰《崇简志》。楷盖"大唐故张崇简师志铭"三行九字。

五月廿四日　　　高审正书郑少微《高慈志》。篆盖"大唐故高府君墓志铭"三行九字。

十月廿日　　　　阴潭正书裴士淹《阴叔玉志》。篆盖"大唐故阴府君之墓志"三行九字。

十月廿二日　　　宣德郎行许州许昌县丞直集贤院张若芬隶书万俟余庆《张休光志》。

十一月廿二日　　王缙行书所撰《崔震志》。

开元廿三年（735）

二月廿三日 　前宁王东阁祭酒元光济正书杨宗《郑谌志》。陈须达刻字。

十月廿七日 　乡贡进士柳芳正书所撰《王景先志》。

十一月一日 　主爵员外郎萧谅正书萧诚《萧元祚志》。行盖"唐故袁州萍乡县令兰陵萧府君墓志铭"四行十六字。

十一月九日 　卢自劝（一作"卢自励"）正书郑同升《侯莫陈涉志》。

十二月廿一日 　司空邠王李守礼正书王蕃《孙守谦志》。张仙、乔同面、李仙玉刻字。

开元廿四年（736）

二月廿二日 　右拾遗徐浩正书张鼎《张夫人陈尚仙志》。篆盖"唐颍川郡陈夫人墓志"三行九字。

五月十七日 　陆芷正书裴士淹《炽俟弘福志》。

五月十七日 　朝仪郎前行长州司户参军陆茞正书所撰《金山郡夫人曹氏志》。

七月四日 　玉真公主正书徐峤《金仙长公主志》，卫灵鹤奉敕检校镌勒并篆盖。篆盖"大唐故金仙长公主志石之铭"四行十二字。

八月廿三日 　司空邠王李守礼正书王蕃《高淑媛志》。篆盖"大唐邠王故细人勃海郡高氏墓志之铭"四行十六字。李仙琦奉敕刻。

十月廿六日 　左卫录事参军李良辅正书崔沔《慕容珣夫

人崔氏墓志》。慕容鼎篆盖。（失盖。）

十月廿七日	刘正颜正书所撰《周志谐志》。
十一月廿一日	前左卫翊卫纪万石正书《纪审直志》。篆盖"大唐故纪府君墓志铭"三行九字。
十一月廿一日	李元暹正书并篆盖丁宪《李煇志》。篆盖"大唐故李府君墓志铭"三行九字。
十一月廿七日	孙缵正书独孤乘《独孤炫志》。
是岁	进士冯约正书所撰《陈良政志》。

开元廿五年（737）

三月六日	潮州刺史王昱正书并篆额李琛《王良志》。（失盖。）
四月十六日	刘昆正书崔愿《程冬笴志》。
七月八日	开□寺僧智详正书陈光《大温国寺进法师塔铭》。
八月十二日	僧温古行书羊愉《嵩山会善寺景贤大师身塔石记》。
八月十八日	洛阳县尉郑崿书郑宏之《拓拔寂志文》。（吴钢《全唐文补遗》第八辑，待访。）
九月	集贤院书手陈璨行书唊彦珍《西明寺智远律师塔铭》。
十一月三日	前相国戎安县尉孙子建正书李霞《程文琬志》。
十一月十二日	萧定正书杨休烈《济度寺惠源和尚神空志》。

开元廿六年（738）

二月廿二日	常州江阴县尉史叙正书王端《崔茂宗夫人贾氏志》。篆盖"大唐故贾夫人墓志铭"三行九字。
五月十五日	朝议大夫守河南少尹杜昱正书所撰《薛夫人优婆夷未曾有塔铭》。张乾爱刻字。
七月十五日	王叔通正书所撰《了缘和尚塔铭》。
八月十三日	刘准正书所撰《田诚志》。
闰八月六日	王怀忠正书所撰《王守信志》。楷盖"大唐故王府君墓志铭"三行九字。
十一月八日	宣义郎前行温州横阳县尉申谏臣正书《夏侯思泰志》。
十一月八日	左武卫仓曹魏幼卿正书崔珪（铭）、刘润（序）《刘宪夫人卢氏志》。篆盖"大唐故卢夫人墓志铭"三行九字。
十一月	戴崿隶书戴休璇《戴希谦志》。
十二月廿八日	陈说正书薛震《薛锐志》。篆盖"唐故薛府君墓志之铭"三行九字。

开元廿七年（739）

正月四日	李再昌正书所撰《李敬因暨夫人朱氏志》。
正月廿七日	给事中褚庭海正书刘彤《程伯献志》。
正月廿八日	河阳县尉寇峦正书蒋溢《郑扰志》。
二月四日	登封县尉寇垣隶书刘系《寇随志》。隶盖"大唐故寇府君墓志铭"三行九字。

二月廿七日	太康县主簿韦去惑正书陈少微《王希价志》。篆盖"大唐王府君墓志之铭"三行九字。常贤刻字。
四月九日	荣王府士曹参军田敫庭正书贺兰晋《薛崇允志》。
七月十一日	吏部常选唐万顷正书张令晖《王仁淑志》。
七月卅日	将仕郎守左卫长史侍皇太子及诸王书翰林供奉马处仙奉敕正书吕向《高婕妤志》。
八月十二日	前魏州参军王伿正书王介《王晞夫人郑氏志》。篆盖"大唐故荥阳郡太夫人郑氏墓志"四行十二字。
九月十二日	通直郎前行杭州富阳主簿郑佺期正书张鼎《白慎言志》。楷盖"大唐故白府君墓志铭"三行九字。
十月	崔宗之行书所撰《王冰志》。
十月十四日	宣直郎行大理评事王缙正书徐峤《桓臣范志》。
十月十四日	国子明经韦无惕正书王晃《豆卢液暨夫人韦氏志》。篆盖"唐故豆卢府君墓志铭"三行九字。
十月廿六日	卢岩正书阎伯玛《卢睐志》。
十二月八日	太室野人王镐隶书《宋夫人慕容氏志》。隶盖"大唐故慕容夫人墓志"三行九字。

开元廿八年(740)

| 二月廿七日 | 雍行忠正书《雍智云志》。 |
| 四月七日 | 前丹杨郡参军王士倩正书任瑗《宋琇志》。 |

	篆盖"□唐故宋府君墓志铭"三行九字。
七月己酉	徐潾正书吴鞏《睿宗妃豆卢氏志》。篆盖"唐故贵妃豆卢氏志铭"三行九字。
十一月十九日	僧湛然隶书郑僎《郑德曜志》。
十一月十九日	卢之翰正书赵良玉《张浼志》。篆盖"大唐故张府君墓志铭"三行九字。
十一月十九日	守荣王友杨晋法书韦述《范安及志》。(吴钢《全唐文补遗》,待访。)
十二月十三日	内供奉道士骆詹尹正书刘同升《郭尊师玄远志》。隶盖"故东明观郭尊师墓志"三行九字。
十二月壬申	前弘文馆学士杨楚玉正书邢璹《杨思勖志》。

开元廿九年(741)

二月廿日	礼部员外郎裴胐正书所撰《裴積志》。
二月廿日	乡贡明经张有邻正书陈众甫《张守珍志》。
二月廿日	李捎云正书史翔《卢伯明志》。篆盖"大唐故卢府君墓志铭"三行九字。
二月廿日	礼部员外郎裴胐正书所撰《裴積志》。篆盖"唐故尚书即河东裴府君墓志"四行十二字。
三月廿一日	李晔正书房密《王夫人郑氏志》。
三月	张明宪正书赵翌《赵琼琰志》。
四月八日	翰林内供奉僧贞干书《开元庆山寺上方舍利塔记》。(陈尚君《全唐文补编》卷三四,待访。)
六月	卢肃正书李华《田仙寮志》。
七月廿四日	青州参军段良秀正书苏绾《张采志》。篆盖

"唐故南阳张府君墓志"三行九字。

八月六日　　　　前大理评事马巽正书王缙《崔茂宗志》。楷盖"大唐故崔府君墓志铭"三行九字。

十一月二日　　　朝议郎前秘书省校书郎颜真卿正书徐峤《王琳志》。（石右侧边上刻有"开元廿九年记"楷书六字，与志文书法迥异，显然出自他人手笔，或属刻工之纪年。）篆盖"大唐故赵郡君墓志铭"三行九字。

十一月十三日　　郑达正书皇甫锡《郑阐志》。篆盖"大唐故郑府君墓志铭"三行九字。

十一月十三日　　孙升峤正书王文英《李夫人段慈顺志》。楷盖"大唐故段夫人墓志铭"三行九字。

十一月廿三日　　前弘文馆学生苏广文正书刘锽《苏咸志》。

开元间

高谦书员半千《高君志》。（陈思《宝刻丛编》卷八引《京兆金石录》，待访。）

王勃书所撰《李君夫人焦氏志》。（陈思《宝刻丛编》卷八引《京兆金石录》，待访。）

韦鼎书《怀素律师塔铭》。（郑樵《通志·金石略》，待访。）

陈颙行书苏邈《刘开爽志》。篆盖"大唐故刘府君墓志铭"三行九字。杨岩刻字。

天宝元年（742）

正月三日　　　　大福光寺僧湛然正书所撰《卢夫人李氏志》。

正月十五日　　　前汲郡新乡尉李顾隶书箫昕《蔡郑客志》。

正月廿六日	夏侯种正书《王怀勋志》。
四月廿三日	上柱国吕参正书吕向《任晖志》。篆盖"大唐故任府君墓志铭"三行九字。
七月四日	秘书省校书郎王弼正书所撰《元有邻夫人韩氏志》。
七月四日	乡贡进士吕涟隶书刘缘光《吕献臣志》。
七月七日	乡贡进士郭眺正书所撰《张伏生志》。
七月七日	元豫正书李珊《韦贞范志》。篆盖"大唐故韦夫人盖志铭"三行九字。（韦贞范，李宪妃。）
七月十五日	樊英正书《徐氏志》。楷盖"大唐夫人徐氏墓志铭"三行九字。（赐姓李氏。）
七月十九日	□领军卫仓参军赵骅正书王端《李符彩志》。
十月十三日	徐琪隶书陈齐卿《慕容相暨夫人唐氏志》。
十一月一日	大理寺主簿刘绘正书刘迅《徐峤志》。
十一月八日	柳务邕正书李诩《柳庭诰夫人薛氏志》。篆盖"大唐故柳府君薛夫人"三行九字。
十二月一日	张旭正书张万顷《严仁志》。篆盖"大唐故严府君墓志铭"三行九字。
是岁	何荣光行书所撰《西明寺主惠景法师塔铭》。
是岁	前湖州司马张诚正书李吉甫《裴旷志》。

天宝二年(743)

二月十五日	李邕行书所撰《岳麓寺大照禅师塔铭》。
二月廿六日	马晋隶书张广济《任承胤志》。篆盖"大唐故任府君墓志铭"三行九字。

27

三月六日	寇鉌正书张越《寇鉠志》。
六月四日	马玉正书安雅《罗炅志》。
七月七日	左拾遗席巽正书张茂之《来珪志》。篆盖"大唐故来府君墓志铭"三行九字。
七月十二日	前汉津府长史马睿言正书所撰《张敬己夫人王氏志》。
八月上旬	郭暖正书所撰《静业(张突)和尚志》。
八月廿四日	右金吾卫别将高期光正书任惇《任思敬志》。
九月十二日	苏灵芝正书《刘智志》。
十一月二日	朝议郎通事舍人崔季梁正书所撰《崔夫人独孤氏志》。
十一月十一日	安逊正书所撰《马元场志》。
十一月廿五日	乡贡进士许衍正书所撰《许子顺志》。
十二月七日	前江夏郡永兴县尉李新正书张楚金《左光胤志》。
十二月廿八日	进士董光朝行书韩诠《法昌寺圆济塔铭》。赵峤刻字。

天宝三载（744）

闰二月十四日	薛良史正书薛钧《薛良佐塔铭》。
四月廿七日	颍川刺史士惟政行书《士如珪暨夫人郭氏志》。
六月十日	奉承郎行考城县尉韦韫正书《韦韫夫人源端志》。
六月廿三日	进士元季友正书淳于□《皇甫札志》。篆盖"大唐故皇甫府君志铭"三行九字。

六月廿九日	协律郎刘幹正书韦述《韦威夫人刘氏志》。楷盖"大唐故刘夫人墓志铭"三行九字。
七月七日	吏部常选王去奢正书《郭药师暨夫人郭氏志》。
七月十二日	薛休光正书薛奇童《韦长卿志》。
八月十二日	徐义进行书包处遂《徐承嗣志》。
八月十二日	天宝灵符长乐观主裴炫正书吕向《豆卢建志》。篆盖"大唐太仆卿驸马都尉河南豆卢建墓志"四行十六字。
十月廿日	宣德郎行左领军长史曹惟良正书周珍《宇文琬志》。篆盖"唐故宇文府君墓志铭"三行九字。
十一月廿三日	集贤院校理三史申屠泚隶书所撰《史思礼志》。
十一月廿六日	元寂正书杨光煦《元振志》。
□月廿日	洛阳进士徐琪正书所撰《□君夫人□教志》。

天宝四载(745)

正月十五日	崔英正书崔卓《李韶夫人崔氏志》。
正月廿六日	起居郎裴侨卿正书韦述《裴光庭夫人武氏志》。
二月十四日	骞朏正书邬载《骞晏暨夫人韦氏志》。楷盖"大唐故骞府君墓志铭"三行九字。
二月十四日	京兆府进士辛临正书梁幼成《赵全问志》。
二月廿一日	左厢押引驾长工郑尊正书陈利见《王曜志》。篆盖"大唐故王府君墓志铭"三行

九字。

| 三月十五日 | 李济正书叔孙观《沈夫人萧宠志》。 |

四月廿二日　　　左光叡正书王寰《张肃珪暨夫人文氏志》。

六月七日　　　　薛希昌隶书崔尚《郑融志》。

七月十七日　　　太子内直丞杜黯之正书梁涉《李庭芝志》。

七月廿九日　　　河中府县主簿赵牧正书赵纵《郭幼明志》。
　　　　　　　　篆盖"大唐故郭府君墓志铭"三行九字。

八月五日　　　　魏郡临黄县尉卢之翰正书所撰《卢之翰夫
　　　　　　　　人韦氏志》。

八月十七日　　　李钧正书郑莕莱《司马元礼志》。

九月廿五日　　　前陈王府法曹参军崔英正书石镇《大奉国
　　　　　　　　寺郑高守忠龛茔记》。

十月十三日　　　前信安郡龙丘县丞毛肃然正书所撰《和守
　　　　　　　　阳志》。

十月十三日　　　徐察正书所撰《高远望志》。

十月十三日　　　东京太庙斋郎俞复（字渔）正书兼篆盖徐隐
　　　　　　　　泰（字萧然）《俞仁玩志》。篆盖"唐故东阳郡
　　　　　　　　司马俞府君盖志"四行十二字。

十月廿五日　　　四品孙贾怂正书所撰《杜君志》。

十月廿五日　　　张同晏正书赵推《张俊志》。

十月廿五日　　　裴有信正书蒋思之《裴琨志》。篆盖"大唐
　　　　　　　　故裴府君墓志铭"三行九字。

十月廿五日　　　前乡贡明经沈修祐隶书崔藏曜《卢全善夫
　　　　　　　　人陈照志》。篆盖"大唐故陈夫人墓志铭"
　　　　　　　　三行九字。

十月廿六日　　　阳曾正书阳润《阳修己志》。楷盖"大唐故
　　　　　　　　阳府君墓志铭"三行九字。

| 十一月廿九日 | 前阳翟县尉张颙正书萧谊《崔晞志》。 |
| 是岁 | 僧法亮书高参《慈恩寺道进律师塔铭》。（陈思《宝刻丛编》卷七引《京兆金石录》，待访。） |

天宝五载（746）

五月廿一日	朝议郎前平原郡蓨县令张沐正书卢珲心（一作"卢珲一"）《冯忻志》。篆盖"大唐故冯府君墓志铭"三行九字。陈希倩刻字。
五月廿五日	褚庭海正书王寿《康夫人李氏志》。
十月壬申	左千牛卫兵曹参军冉太华书杜位《张夫人樊氏志》。（吴钢《全唐文补遗》第六辑，待访。）
十一月七日	右卫仓曹军摄监察御史郭密之行书所撰《郭密之夫人韦氏志》。志末隶书署撰书人款。
十一月十三日	振威校尉守左骁卫楼烦郡岚山府别将杨䢽正书王齐同《施宝志》。

天宝六载（747）

二月三日	卢居易正书所撰《卢见志》。
二月三日	乡贡进士辛临正书所撰《辛翘志》。
二月廿六日	王䜣正书李华叙卢沼铭《崔绛志》。
六月	张少悌行书裴炫《王四娘塔铭》。
七月廿八日	李万正书贾彦玮《张欢夫人卢氏志》。
七月廿八日	会昌县主簿达奚挚正书达奚珣《达奚夫人寇氏志》。楷盖"大唐故襄城郡君墓志"三行九字。

31

十月七日	承议郎行监察御史裴冕正书韦述《张去奢志》。杨岩刻字。
十月十九日	朝议郎行洛阳县尉蔡希寂正书张阶《蔡希周志》。(希寂记"字季深"云。)篆盖"大唐故蔡府君墓志铭"三行九字。
十一月廿四日	御史大夫相州刺史薛嵩行草书所撰《刘文晖志》。行盖"刘君墓志"二行四字。
十二月廿日	会稽骆从怂正书李庭坚《李戡志》。
是岁	陈续正书张渐《曹琳志》。

天宝七载（748）

正月十一日	前河东郡永乐县尉郑长裕正书宋鼎《宋遥志》。篆盖"大唐故宋府君墓志铭"三行九字。
正月廿五日	都水使者魏恧正书崔沔《郑齐丘志》。郑日进再记。(书人职守与姓名叠字，盖有改动。)篆盖"大唐故郑府君墓志铭"三行九字。
三月十二日	南阳孝廉吏部常选张瑨正书薛咸《程思庆志》。
四月廿一日	骑都尉崔胜正书秦用《崔子房志》。
五月三日	左千牛卫胄曹参军张栩正书张翊《张具瞻志》。
五月十五日	邬彤正书所撰《侯知什志》。篆盖"唐故渔阳郡长史侯府君墓志"四行十二字。(柳叶篆仅见。)
五月廿七日	大理司直田敫庭行书任瑗《薛崇允夫人李

氏志》。篆盖"大唐故李夫人墓志铭"三行
九字。

六月八日　　　　朝议大夫守都水使者魏㧑正书马巽《郑各
　　　　　　　　丘志》。

六月廿八日　　　释灵琇正书王铄《天宫寺岩和尚志》。（岩和
　　　　　　　　尚俗姓石。）

七月廿九日　　　洛阳县尉蔡希寂正书（韩液铭、张阶序）《李琚
　　　　　　　　暨夫人薛氏志》。

八月廿一日　　　刘洌行书所撰《贾福谦志》。篆盖"大唐故
　　　　　　　　贾府君墓志铭"三行九字。

十月十二日　　　登仕郎前新罗县尉郭怀琰正书所撰《王元
　　　　　　　　泰志》。

十月十二日　　　王演正书卢液《王守忠志》。

十月廿一日　　　崔昇正书崔至《崔同夫人卢谈志》。

十月廿二日　　　刘洌正书所撰《贾福谦志》。

十一月十六日　　淮阳司仓姚洛瑛正书胡瑱《姚知暨夫人任
　　　　　　　　氏志》。

十一月十八日　　太庙斋郎褚钧正书褚庭海《褚庭询志》。

十一月十八日　　前左雨林军录事参军元𫐐正书元德秀《元
　　　　　　　　琰志》。楷盖"唐历阳郡守元公志铭"三行
　　　　　　　　九字。

十一月三十日　　王税正书王稷《王同福暨夫人裴雍熙志》。

十一月三十日　　宣德郎前行冯翊郡河西县尉寇坝正书并
　　　　　　　　篆盖贺兰弼《寇洋暨夫人邢氏志》。
　　　　　　　　（失盖。）

十二月廿四日　　前赵郡司士参军王昔正书王旻《窦含志》。

十二月廿五日　　前宣城郡新安县尉贾栖梧正书所撰《陈敬

33

玄暨夫人任氏志》。

十二月三十日　　　右领军卫兵曹参军张载正书曹適《刘夫人
　　　　　　　　　　王氏志》。

□月□日　　　　　丹阳郡参军王士倩正书任瑗《宋琇志》。篆
　　　　　　　　　　盖"大唐故宋府君墓志铭"三行九字。

天宝八载（749）

二月廿五日　　　　集贤院御书手赵守□正书申屠泚《李忠义
　　　　　　　　　　志》。

二月廿五日　　　　韦衚、修武县开国男韦交云并正书《韦衢
　　　　　　　　　　志》。（题记"堂弟衚，谪侄修武县开国男交云并书"。）
　　　　　　　　　　楷盖"大唐故韦府君墓志铭"三行九字。

十月九日　　　　　太子司议郎徐浩正书所撰《陈希望志》。

十月廿九日　　　　萧占正书李伾《薛维熙志》。篆盖"大唐故
　　　　　　　　　　薛府君墓志铭"三行九字。

天宝九载（750）

三月十五日　　　　张少悌行书申屠泚《屈元寿志》。

四月十五日　　　　勤□行书崔琪《少林寺灵运禅师功德铭》。

五月九日　　　　　太子司议郎徐浩正书所撰《崔賁志》。

五月十五日　　　　朝议郎行殿中侍御史颜真卿正书所撰《郭
　　　　　　　　　　虚己志》。篆盖"唐故工部尚书赠太子太师
　　　　　　　　　　郭公墓志铭"四行十六字。

五月廿三日　　　　刘能正书袁沛《李询贡志》。

五月廿八日　　　　郭季膺正书所撰《窦说志》。

五月丙申　　　　　太子司议郎徐浩正书所撰《崔賁志》。（太子

司议郎摄监察御史崔颢任上乞同事徐浩撰并书。）

五月　林有鉴正书索（一作“李”）元爱（一作“庆”）《张氏志》。

七月廿三日　前进士李封行书张恒《张夫人崔氏志》。

八月十六日　周□正书郑炅之《王人杰志》。

八月十六日　前河内郡参军张整正书所撰《张整夫人魏氏志》。

八月廿八日　崔缜正书薛伟《张敖志》。

十月十五日　检校内供奉侍诸王行书朝议大夫守曹王傅李思诠奉敕正书赵楚宾《荣王第八女志》。

十月廿四日　河南伊阙县尉李华行书所撰《贡励言志》。

十一月十一日　左羽林军中侯陈绚正书高盖《李夫人韦小孩志》。

十一月廿一日　前大理司直裴庆之书郑岑《郑琇志》。（吴钢《全唐文补遗》第八辑，待访。）

十一月十七日　三恪韩国公元伯明隶书并篆盖裴育《韦英志》。（失盖。）

十二月六日　胡霈然隶书所撰《杨慈力志》。

十二月廿九日　郭石正书《郭忠志》。

是岁　东宫细引右卫执戟宋乔正书《邓明志》。篆盖“大唐故邓夫人墓志铭”三行九字。

天宝十载（751）

二月十八日　乡贡进士平侄正书平介然《平夫人韦氏志》。楷盖“大唐故韦夫人墓志铭”三行九字。

四月九日　进小篆八分并钟王书侍制申屠逵隶书李琦

《李夫人杜持行志》。篆盖"大唐故杜夫人墓志铭"三行九字。

五月二日　　　　赵少坚正书张瑗《王承裕暨夫人高氏志》。篆盖"大唐故太原王府君夫人高氏合祔墓志"四行十六字。

五月二日　　　　昭武校尉行左武卫安定郡四门府别将傅庭玢正书《钟恭容志》。

八月十日　　　　徐璹正书徐浩《徐浚志》。篆盖"唐冯翊郡司兵徐公铭"三行九字。

十月廿一日　　　崔昪正书崔至《卢谈志》。

十月廿一日　　　京兆府金城县尉崔昪正书崔至《崔翘志》。

十月廿四日　　　陈岘正书杨拯《房承先暨夫人吴氏志》。篆盖"大唐故房府君墓志铭"三行九字。

十月廿四日　　　韩献之行书司马㟧《田仁亮志》。篆盖"大唐故田府君墓志铭"三行九字。

十月廿五日　　　裴荐隶书所撰《韦弘夫人卢氏志》。

十月　　　　　　朝散大夫检校金部员外郎徐浩隶书所撰《张庭珪志》。

十一月五日　　　朝散大夫检校金部员外郎上柱国徐浩正书所撰《崔藏之志》。篆盖"唐膳部员外郎崔公志"三行九字。

十一月三十日　　河南府明经宇文升正书李梃《宇文倩志》。楷盖"大唐故宇文府君墓志铭"三行十字。

十二月廿七日　　兵部常选廉光裕正书赵枚《董谦志》。

天宝十一载（752）

二月廿四日　　　广陵仓曹参军李凑正书张之绪《张之绪夫

36

人李氏志》。

二月	徐浩正书所撰《玄隐律师塔铭》。
二月	韩择木隶书王齐同《棣王琰志》。
三月六日	胡霈然隶书所撰《周献志》。
四月八日	进士吏部常选杜芳正书所撰《马惠心志》。篆盖"大唐故马府君墓志"三行八字。
七月	韩择木正书洪孝伟《荥阳王妣朱氏志》。
七月二日	朝议大夫守寿王府司马翰林院供奉张芬隶书并篆盖于休烈《朱元昊志》。篆盖"大唐故朱府君墓志铭"三行九字。张潍、杨秀岩刻字。
八月十日	□源行书所撰《崔澄志》。
九月廿七日	诸王侍书中散大夫守丰王傅李思诠奉敕正书赵楚宾《李琮哀册文》。楷盖"大唐靖德太子哀册文"三行九字。（李琮即靖德太子。）
九月	薛邕隶书李桢《钜鹿郡夫人魏氏志》。
十一月廿三日	太子及诸王侍书中散大夫守国子司业韩择木奉敕正书赵楚宾《南川县主志》。

天宝十二载（753）

三月廿九日	阎衮正书韦述《杨遗名志》。篆盖"大唐故氏府君墓志铭"三行九字。
四月二日	文林郎守南康郡王绍先正书阎伯玙《王守节志》。
八月四日	河阳县主簿张载正书陶翰《张履冰志》。
八月廿二日	柳懿正书所撰《郭皓志》。
十月十七日	贾栖梧正书萧颖士《贾钦惠志》。

十月十七日	崔意正书崔恁《王之咸志》。隶盖"大唐太原王府君墓志"三行九字。（志称王之咸工草隶书。）
十月三十日	集贤院席彬正书李震《刘感志》。
十一月十八日	前大理评事卢杞行书所撰《卢涛志》。
十二月廿七日	兵部常选廉光俗正书赵枚《董谦志》。
十二月□日	李俏正书古偲《李诚志》。杜澄刻字。
十二月	徐漪正书陈允升《车玄福志》。葳华刻字。（失盖。）
□月廿二日	柳懿正书所撰《郭皓志》。
是岁	孔光书僧超霞《醴泉寺惠剑禅师塔铭》。（陈思《宝刻丛编》卷七引《京兆金石录》，待访。）
是岁	韩之行书许益《刘践言志》。

天宝十三载（754）

正月十三日	胡霈然隶书李渐《曹仁志》。（张倪铭。）张升刻字。
正月廿五日	薛良友行书杨初阳《薛良穆志》。
二月十八日	高平郡晋城县令李翼正书并篆盖所撰《裴遘夫人李氏志》。（失盖。）
五月七日	褚凑正书赵昙《张毖志》。
五月廿五日	宪部郎中徐浩正书李岘《李岘夫人独孤峻志》。
五月廿五日	前羽林长上果毅李侹正书所撰《李训夫人王氏志》。篆盖"大唐故王夫人墓志铭"三行九字。
六月八日	文林郎行文部常选韩献之行书申堂构《孙

志廉志》。

八月十日	独孤弼正书所撰《任楚璹志》。篆盖"大唐故任府君墓志铭"三行九字。
十月十一日	朝议大夫行尚书宪都郎中摄司农少卿上柱国徐浩正书韦述《张堄志》。
十月十二日	袁真正书肖伦《崔偀暨夫人卢氏志》。
十月廿三日	成公镇行书米士炎《何德志》。
十一月廿九日	大福光寺僧湛然正书郑沔《郑炅志》。篆盖"大唐故郑府君墓志铭"三行九字。
十一月廿九日	沙门湛然正书边斐《李夫人韦大通志》。
十一月廿九日	朝散郎行内仆局令吴游训正书所撰《吴游艺志》。楷盖"大唐故内侍省掖庭局令吴府君墓志铭"四行十六字。
十一月廿九日	田颖正书窦忻《刘元尚志》。
闰十一月五日	朝散郎前行颍川郡长葛县尉卢嵚正书卢深《王珙志》。
闰十一月十一日	扶风郡参军裴叔猷正书韦述《韦济志》。
闰十一月十一日	荣王府谘议参军员外置同正员独孤洧正书并篆盖所撰《独孤挺志》。(毋竞铭。)(失盖。)符明峤刻字。
闰十一月廿九日	朝议郎行太子宫门郎翰林院供奉刘秦行书张渐《玄宗第五孙女志》。篆盖"大唐皇故第五孙墓志之铭"四行十一字。
闰十一月廿九日	鄄城县尉张召正书所撰《秦洽暨夫人刘氏志》。
十二月□三日	贺兰应行书张越《寇因暨夫人李氏志》。殷照排文。陈僧刻字。

| 是岁 | 刘秦行书韩泆《太华观李尊师志》。（陈思《宝刻丛编》卷八引《京兆金石录》，待访。） |

天宝十四载（755）

正月十二日	登仕郎前临汀郡龙岩县尉郭怀琰正书所撰《朱君夫人梁无量志》。
三月一日	登仕郎前临汀郡龙岩县尉郭怀琰正书所撰《梁令直志》。
五月一日	前颍阳县尉李瑅正书并篆盖元卓《李守忠夫人吴氏志》。（失盖。）
五月	陆士伦正书王端《陆据志》。
七月廿六日	桥陵丞张珍正书程浩《张季良志》。
八月十五日	前高平郡司法参军张惟恭正书所撰《张永夫人崔氏志》。
十一月十一日	宗正进士李隼正书苏颜《李抗志》。篆盖"大唐故李府君墓志铭"三行九字。

天宝十五载（756）

正月二日	太子率更丞翰林院待诏顾诚奢隶书苏预《高士珪志》。
四月一日	田颖行书《张希古志》。
五月十三日	贺若载正书胡居《袁恒志》。楷盖"故袁公墓志铭"二行六字。
五月十九日	苏灵芝正书张遘《刘智暨夫人孙氏志》。

天宝间

| 十一月十一日 | 安逖正书所撰《马元璥志》。 |

□月廿四日	陈颙行书苏邈《刘元爽志》。（铭草书。）杨岩刻字。
	大安国寺僧季良正书所撰《尼清真塔铭》。

无系年（盛唐）

	大理司直马观正书所撰《窦宣礼志》。隶盖"大唐故谯国公墓志铭"三行九字。

圣武元年（756）

正月廿二日	布衣刘太和正书李史鱼《马凌虚志》。
五月十三日	陈亢文正书《陈牟少志》。
十二月五日	胡滉正书王良辅《李玢暨夫人裴氏志》。

圣武二年（757）

三月一日	唐润正书贺兰广《唐恕志》。篆盖"大燕故唐府君墓志铭"三行九字。
八月廿五日	太子率更令翰林供奉张芬篆盖沙门灵瞰《阿史那明义志》。篆盖"故司膳卿阿史那公志"三行九字。
十月五日	朝议郎守太子左赞善大夫彭城县开国男刘秦正书赵骓《严复志》。丁玩、李谊等刻字。
十月五日	朝议郎守太子左赞善大夫刘秦正书房休《严希庄志》。篆盖"大燕赐左赞善大夫严公墓志"四行十二字。
十月六日	沈子良正书所撰《王清志》。
十一月十五日	承奉郎守经略军胄曹参军苏灵芝行书张不

矜《无垢净光宝塔颂》。

至德三年(758)

二月十八日　　　寿王李瑁正书《第六女赠清源县主志》。篆
　　　　　　　　盖"大唐故赠清源县主墓志之铭"四行十
　　　　　　　　二字。

乾元元年(758)

六月十三日　　　太子校书郎姚南仲正书所撰《鲁炅夫人裴
　　　　　　　　氏志》。

九月九日　　　　太子校书郎姚南仲行书所撰《鲁炅志》。

十月廿三日　　　登封都判官检校国子祭酒兼御史中丞孟遵
　　　　　　　　古正书马辞《刘氏志》。丁邯篆盖。(失盖。)
　　　　　　　　玉册官神策军衙前虞候陈彦铢刻字。

十一月廿一日　　王乾明书杨恒《张普志》。(吴钢《全唐文补遗》第
　　　　　　　　八辑,待访。)

乾元二年(759)

二月十二日　　　朝散大夫守义王府长史李褪隶书徐浩《窦
　　　　　　　　华志》。

五月十九日　　　河南府参军柳晔正书王邑《薛郑宾志》。

九月　　　　　　姚南仲行书赖棐《鲁仲瑜志》。

十月十六日　　　华山人唐籍正书马觊《唐昌公主志》。

十二月　　　　　李潮隶书所撰《彭元曜志》。

顺天元年（759）

十一月廿七日　　　前□□县尉袁倨正书所撰《刘智才夫人邓氏志》。

顺天二年（760）

十二月六日　　　　右骁骑卫仓曹张建正书裴探微（铭）、杜芳（序）《宋微志》。

乾元三年（760）

二月十二日　　　　陈国珍正书景延之《陈曦志》。篆盖"大唐故陈府君墓志铭"三行九字。

二月廿二日　　　　康景云正书史恒《康君夫人康氏志》。翰林镌碑李䂮刻字。

四月十九日　　　　□骁卫仓曹杨仲举正书所撰《回纥琼志》。篆盖"大唐故回纥府君墓志"三行九字。

是岁　　　　　　　左骁卫仓曹杨仲举书所撰《回纥琼志》。（吴钢《全唐文补遗》第七辑，待访。）

上元元年（760）

建巳月十二日　　　李粲行书王缙《玉真公主志》。

上元二年（761）

正月十一日　　　　朝议郎行卫尉寺丞翰林院待诏刘秦行书赵昂《刘奉芝暨夫人赵氏志》。

显圣元年（761）

六月十九日　　　　监察御史柴閟正书郑齐舟《司马望志》。

宝应元年（762）

四月廿一日　　　　右千牛卫大将军上柱国陈国公李倩行书吴
　　　　　　　　　通微《永王第二男（国子祭酒）夫人宇文氏
　　　　　　　　　志》。篆盖"唐故宇文夫人墓志铭"三行
　　　　　　　　　九字。

四月　　　　　　　前湖州司马张诚正书李吉甫《裴夫人崔氏
　　　　　　　　　志》。

十一月九日　　　　陕王府典军褚凑隶书李纾《张万顷志》。李
　　　　　　　　　坦然刻字。

是岁　　　　　　　杜鸿渐正书卢光远《萧华志》。

宝应二年（763）

四月十二日　　　　太中大夫将作少监翰林待诏张少悌奉敕行
　　　　　　　　　书潘炎《高力士志》。篆盖"唐故开府仪同
　　　　　　　　　三司赠扬州大都督高公墓志"六行十八字。

四月廿二日　　　　湖州司马张诚正书李吉甫《裴虬夫人崔氏
　　　　　　　　　志》。篆盖"唐裴公故夫人崔氏铭"三行
　　　　　　　　　九字。

十月癸酉　　　　　□散大夫试光禄少卿兼桂州都府别驾焦升
　　　　　　　　　正书裴士淹《赵国夫人李氏志》。

永泰元年（765）

闰十月廿一日 朝议郎行大理司直郑日就行书所撰《郑齐望夫人李氏志》。篆盖"大唐故李夫人墓志铭"三行九字。

十月十三日 朝请郎行河南府洛阳县丞韦应物正书所撰《宇文弁才志》。

十一月十五日 荷泽寺僧法璘正书僧慧空《神会建身塔铭》。

永泰二年（766）

三月廿四日 监察御史王孜正书孙宿《郭幼贤志》。篆盖"大唐故郭府君墓志铭"三行九字。

四月十二日 金紫光禄大夫试光禄卿段晏书张或《李过折志》。（吴钢《全唐文补遗》第七辑，待访。）

十一月 通直郎行京兆府云阳县丞吴通微正书赵旱《韦器志》。

大历元年（766）

二月 赵綦正书所撰《西明寺令晖二禅师塔铭》。

大历二年（767）

二月十日 行尚书工部待郎徐浩正书所撰《李岘志》。

八月七日 前秘书监嗣泽王李溆正书所撰《王训志》。

八月七日 监察御史王延休正书徐崌《徐夫人宗如志》。

45

大历三年 (768)

六月廿九日	大理评事吴通微行书所撰《赵君夫人李氏志》。将作直程进刻字。
六月廿九日	宣德郎守太子通事舍人李奠正书张或《李君夫人商氏志》。
十一月十四日	大理寺主簿豆卢巽正书程皓《张具瞻夫人韦氏志》。

大历四年 (769)

二月十日	朝议郎守楚州功曹参军直集贤翰林供奉刘朝行书孙成《慕容曦皓志》。楷盖"唐故慕容府君墓志铭"三行九字。
七月廿日	将仕郎试左金吾卫兵曹范迅正书畅悦《窦庭芝志》。
八月廿五日	卢季长正书所撰《郑虔暨夫人王氏志》。(志记"外生卢季长备闻旧德,书此贞石"云。)
八月	太中大夫前行国子司业赵郧隶书河南府户曹参军李阳冰篆额严郧《虞从道志》。(失盖。)
十月廿一日	试大理评事杨众正书杨炅《杨东鲁志》。篆盖"唐杨府君墓志铭"二行七字。
十月廿六日	前大理寺主簿豆卢巽正书张翔《卢愿志》。
□月癸酉日	朝请郎行少府监主簿骞翼正书崔殷《吴夫人卢氏志》。
是岁	僧慧云正书郭湜《郭邕暨夫人辛氏志》。

大历五年（770）

二月　　　　　　程浩正书所撰《裴冕志》。史惟则篆额。

三月廿一日　　　史惟则隶书常衮《王锇志》。

九月廿六日　　　前太常博士姚骥正书所撰《荷恩寺法律禅
　　　　　　　　师姚常一志》。篆盖"大唐法律禅师墓志
　　　　　　　　铭"三行九字。

是岁　　　　　　徐浩正书杨炎《杜鸿渐志》。

大历六年（771）

闰三月　　　　　张楚昭行书于益《再修信行禅师塔铭》。

六月廿七日　　　少林寺当寺大德灵迅正书郭湜《同光禅师
　　　　　　　　塔铭》。延州金明寺别将屈集臣刻字。

十一月廿日　　　朝议郎试右金吾卫仓曹参军何伯建正书何
　　　　　　　　伯遇《何伯遾志》。

大历七年（772）

九月十九日　　　蓥屋县尉窦霸正书窦訧《窦氏志》。

十一月廿日　　　沙门清洧正书严绥《殷夫人张氏志》。

大历八年（773）

二月一日　　　　朝议郎前泗州长史李复正书高近《高近夫
　　　　　　　　人徐婉志》。隶盖"大唐故徐夫人墓志铭"
　　　　　　　　三行九字。

二月四日　　　　朝散大夫前监察御史祁巽之正书所撰《祁
　　　　　　　　府君志》。

| 七月廿九日 | 河中府猗氏县主簿赵牧正书赵玗《郭幼儒志》。篆盖"大唐故郭府君墓志铭"三行九字。 |
| 十一月二日 | 前将作少监张少悌正书潘炎《佘元仙志》。 |

大历九年（774）

三月四日	朝议大夫虢州长史张慆正书钱庭荼《张锐志》。
四月十七日	韦早正书段岌《韦公志》。
七月十二日	寇琰正书张南寿《任氏志》。
十一月	通直郎行河南县主簿张乂正书所撰《夫人李氏志》。
十二月七日	李总正书刘启《杜佚夫人李氏志》。
是岁	张少悌正书常衮《信王李瑝志》。

大历十年（775）

正月乙酉	朝散大夫守都水使者集贤殿学士史惟则隶书并篆盖元载《韦元甫志》。篆盖"大唐赠户部尚书韦公墓志铭"四行十二字。
二月廿一日	郎润正书崔恒《梁淑志》。
七月十八日	秦昊正书僧飞锡《真化寺尼如愿律师志》。程用之刻字。
八月廿三日	京兆府参军张汀正书宋南容《张宙志》。篆盖"大唐故王府记室张府君墓志"四行十二字。
八月廿五日	太子率更令翰林供奉张芬篆盖沙门灵曒

《阿史那明义志》。篆盖"故司膳卿阿史那公志"三行九字。

十月十三日	卢堪正书崔儆《崔混之志》。
十月	义王府司马淮阳县男韩秀弼隶书常士衮《常无名志》。篆盖"唐故宾客常公墓志铭"三行九字。
十二月廿六日	朝议郎起复守太仆少卿翰林待诏张彦之奉敕正书杨绾《赠昭靖太子志》。篆盖"唐故赠昭靖太子志铭"三行九字。
十二月廿九日	何嶙正书卢杞《崔秀夫人李氏志》。楷盖"大唐故李氏墓志铭"三行八字。

大历十一年（776）

二月廿六日	进士崔恒正书张齐明《崔大人李氏志》。篆盖"大唐故夫人李氏墓志"三行九字。
九月	薛邕隶书李植《章仇兼琼夫人魏氏志》。（陈思《宝刻丛编》卷廿引《金石录》记颜真卿撰并正书。今本《金石录》不见。）
十月一日	前太常寺奉礼郎张士谅正书张翃《瞿昙谟志》。篆盖"大唐故瞿昙公墓志铭"三行九字。
十月十二日	左金吾卫兵曹参军尹权正书所撰《崔还志》。
十一月六日	朝请郎前京兆府功曹参军韦应物正书所撰《韦应物夫人元蘋志》。
十一月十六日	前大理评事卢杞正书所撰《卢涛志》。庞英干刻字。

大历十二年（777）

二月廿日 张琪正书王沐《张颙夫人崔氏志》。

三月七日 太室布衣袁齐明隶书并篆盖赵迁《李元琮志》。篆盖"大唐故宝应功臣开府议同三司右龙武将军凉国公李公墓志"五行二十五字。

六月五日 正议大夫行将作少监翰林待诏挚宗奉敕正书常衮《马璘志》。

六月十一日 僧道秀书僧有则《周惠志》。（吴钢《全唐文补遗》第三辑，待访。）

十月廿八日 章敬寺僧道秀正书僧有则《第五玄昱志》。程用之刻字。

十月乙酉 水部郎中隶书韦肇《杨绾志》。篆书"呜呼有唐故相国司徒公杨府君之墓"五行十五字。

十二月廿日 陶岘书并篆盖吴宏度《虞景莘志》。（周绍良《唐代墓志汇编》，待访。）

吴通微书裴郁《萧淑志》。（陈思《宝刻丛编》卷八引《京兆金石录》，待访。）

大历十三年（778）

正月二日 汴州参军斑遇正书张伩《斑夫人杜氏志》。楷盖"大唐故杜夫人墓志铭"三行九字。

正月廿六日 秘书省校书郎郑纲正书李纾《李收暨夫人郑氏志》。篆盖"唐故给事中李公墓志"三行九字。

四月八日	前侍御史元至正书崔沔《崔沔夫人王方大志》。崔祐甫补叙。
四月八日	颍阳县丞徐珙隶书李邕《崔沔暨夫人王方大志》。篆盖"有唐尚书左仆射崔孝公之墓"四行十二字。崔祐甫补叙。
四月九日	颍阳县丞徐珙隶书王颂《崔暟夫人王媛志》。篆盖"唐安平郡夫人王氏墓"三行九字。崔祐甫补叙。
四月九日	颍阳县丞徐珙正书吴少微、富嘉謩《崔暟志》。篆盖"有唐卫尉少卿安平男崔公墓"四行十二字。
四月廿五日	杨播行书张彧《无忧王寺大圣真身塔铭》。
四月廿七日	乡贡进士寇京正书并篆盖崔祐甫《寇锡志》。（失盖。）
七月廿四日	朝议郎守太子中允翰林待诏韩秀实隶书独孤恓《辛云京夫人李氏志》。隶盖"大唐赠肃国夫人李氏墓志铭"四行十二字。
七月壬申	河南府颍阳县丞徐珙隶书陆长源《徐恽夫人姚氏志》。篆盖"唐故夫人姚氏墓铭"三行九字。
八月廿九日	朝散大夫前陈州司马郭从志正书所撰《郭君志》。
十月十二日	袁真正书萧伦《崔杰志》。
十一月七日	李全则正书石浑《李濛志》。篆盖"李府君墓志铭"三行六字。
十一月十七日	朝散大夫前陈州司马郭从志正书所撰《郭瑶志》。乔倩刻字。

| 十一月十八日 | 睦州司马刘长卿正书张莒《魏系志》。篆盖"唐伊阙令魏府君墓铭"三行九字。 |
| 十二月十八日 | 检校户部郎中兼侍御中裴腆正书郑汲《李从偃志》。篆盖"大唐故李府君墓志铭"三行九字。 |

大历十四年(779)

四月廿七日	僧道秀正书僧令名《曹惠琳志》。
闰五月三日	房山野人康济正书所撰《常俊志》。
六月十九日	前河南府兵曹参军周子温隶书所撰《赵彦志》。
八月甲寅	宣义郎前行河南府永宁县主薄韦翻正书赵骅《李昂志》。篆盖"大唐故李府君墓志铭"三行九字。
十月十五日	朝散大夫守太仆少卿翰林待诏张彦之行书于益《张大询志》。篆盖"唐左武卫郎将张府君墓志铭"四行十二字。
十一月十六日	赵祎正书赵骅《赵益志》。

大历中

吴通微书颜真卿《玄宗贤妃卢氏志》。（陈思《宝刻丛编》卷八引《京兆金石录》,待访。）

大历末

前湖州司马张诚正书李吉甫《裴虬夫人崔氏志》。

建中元年（780）

正月廿八日　　元少陵行书所撰《李公志》。

二月七日　　　阴阳人贾温正书《刘进暨夫人朱氏志》。

二月十四日　　前同州朝邑县尉独孤愿正书独孤良弼《张翔志》。

二月廿五日　　恒王府参军张文哲正书刘复《王伷志》。篆盖"大唐故王府君墓志铭"三行九字。

四月廿七日　　前太子左赞善大夫王怡正书赵良器《刘广志》。篆盖"大唐故刘府君墓志铭"三行九字。

五月廿一日　　鄜州司田薛润正书《薛琛志》。

八月廿八日　　明州别驾徐浩行书所撰《史继先志》。（陈思《宝刻丛编》卷七引《复斋碑录》有"殷仲容书额"字样，殷氏年代远隔，或出旧志新铭。）

九月　　　　　郑州原武县令席辅正书麴信陵《尼常清志》。（系年作大历十四年九月四日越十月三十日。）

十一月廿四日　前河南府颍阳县丞徐琪隶书邵说《崔祐甫志》。国子丞李阳冰篆盖。篆盖"有唐相国赠太傅崔公墓志铭"四行十二字。

十一月廿四日　书吏王新正书萧昕《韦季庄志》。篆盖"大唐故韦府君墓志铭"三行九字。陈初刻字。

十一月廿四日　梓川郪县主薄何士衡正书陈太阶《何邕志》。楷盖"大唐故何府君墓志铭"三行九字。

建中二年（781）

十一月六日　　　前孝义县尉张广迪正书张惟俭《裴赵玄夫
人阳氏志》。篆盖"大唐故阳夫人墓志铭"
三行九字。

十一月三十日　　前河东县尉李幼清正书樊系《阳济夫人刘
氏志》。

十二月十二日　　徐琪隶书张少博《李茗志》。

是岁　　　　　　徐浩书卢杞《郭子仪志》。（《宝刻类编》卷二，
待访。）

建中三年（782）

三月廿八日　　　韦浼正书《柳存暨夫人祝氏志》。

四月三日　　　　前左清道率府兵曹参军裴润正书所撰《殷
夫人孔氏志》。

七月廿一日　　　卢仲权正书郑余庆《卢先之志》。楷盖"唐
汝州司户卢公墓铭"三行九字。

九月十四日　　　常次儒正书并篆盖所撰《常习志》。篆盖
"唐故豪州司马常府君墓志铭"四行十
二字。

九月己酉　　　　奉议郎行京兆仓曹参军韩秀荣隶书高参
《第五琦志》。（失盖。）

十一月廿四日　　朝议郎行河中府解县尉骁骑尉李鄂正书王
谅《比丘志弘志》。

建中四年（783）

三月三日　　　　前陈王府户曹参军□讳正书谢镇《张□

志》。

五月廿六日	奉议郎行京兆府仓曹参军韩秀荣隶书杜黄裳《郭曜志》。隶盖"唐太子少保郭公墓志"三行九字。
八月十六日	金部员外郎翰林学士吴通微正书吴通玄《裴婴夫人崔氏志》。隶盖"唐太子中允裴公故夫人清河崔氏墓志"四行十六字。
九月廿八日	史□正书所撰《成士和志》。
是岁	刘朝正书张珍题额韩休《龙首寺会觉法师塔铭》。

兴元元年（784）

正月廿四日	试庐州巢县尉陈英正书《陈曦夫人王氏志》。
九月十二日	宋公霸正书所撰《狄林志》。
十一月十二日	乡贡进士李休甫正书所撰《李国珍志》。
十一月十二日	乡贡进士李休甫正书所撰《李昕志》。

贞元元年（785）

| 八月廿二日 | 王质正书梁宁《王素志》。篆盖"唐故王府君墓志之铭"三行九字。 |
| 十一月廿九日 | 阎叔夏正书王季文《陈仁监志》。 |

贞元二年（786）

| 二月廿四日 | 京兆府乡贡进士魏可名正书魏琼《马晤志》。 |

五月十四日	前武邑主薄胡士穆正书孙撰《刘献志》。
七月廿二日	前山南东道节度推官试大理司直张劝正书穆员《李戢妃郑中志》。马瞻刻字。
七月廿二日	前山南东道节度推官试大理司直张劝正书所撰《封揆志》。篆盖"大唐故封府君墓志铭"三行九字。
十二月五日	左卫长史陈锽正书所撰《陈守礼暨夫人李氏志》。篆盖"唐故陈公夫人李氏合祔墓志"四行十二字。弘文馆明经陈炼初校，朝议郎试肃王府户曹陈钛校成，陈钵检校镌磨。

贞元三年 (787)

二月十七日	文林郎前恒王府参军直集贤院张文哲正书刘震《司马齐卿暨夫人王氏志》。
四月七日	将仕郎前守河南府伊阳县主簿卢士牟正书所撰《李绲志》。楷盖"唐富平令李府君墓铭"三行九字。
四月十八日	朝议郎行太府丞阴冬曦正书员南溟《氾滔志》。篆盖"大唐故氾府君墓志铭"三行九字。
四月十九日	文林郎前恒王府参军直集贤院张文哲行书并篆盖尹云《张佃暨夫人王氏志》。（失盖。）
六月十日	释了性正书普明《远公和尚塔铭》。
六月廿八日	乡贡进士宋滑正书黎迵《独孤季膺志》。
八月四日	右金吾兵曹参军储彦琛正书桑叔文《田侁志》。楷盖"田府君墓志铭"二行六字。

| 八月四日 | 前左威卫骑曹参军盛準正书并篆盖刘斌《王遇志》。篆盖"大唐故王府君墓志铭"三行九字。天水赵诜刻字。 |
| 十月四日 | 集贤院供奉雷迅正书吴通玄《雷彦芬夫人冯氏志》。 |

贞元四年(788)

正月三日	何昶正书何观《何杲志》。行盖"唐故京兆韦夫人墓志"三行九字。
四月廿四日	温裱正书温初《温任夫人李氏志》。
八月九日	前楚州盱眙县尉糜宽正书并篆盖甘仙《张晕夫人姚氏志》。(失盖。)
八月九日	王士列正书所撰《王承稀暨夫人郜氏志》。
八月廿七日	朝议郎前行洪州都督府兵曹参军席玢正书吴谦《席延宾志》。楷盖"大唐故安定席公墓志"三行九字。
十一月廿二日	赵同□正书孟栩《赵夫人鲜于(李)氏志》。

贞元五年(789)

二月廿三日	苏澄正书所撰《崔时用志》。篆盖"大唐故崔府君墓志铭"三行九字。
五月廿日	承议郎行河南府陆浑县丞孙公辅正书所撰《孙公辅夫人李氏志》。
十月十六日	恩王府长史淮阳县男韩秀弼隶书韩伯庸《韩涓志》。隶盖"大唐故朝议大夫彭州长史韩公墓志铭"四行十六字。

十一月十一日	河南府司录参军卢从正书王颜《李昂夫人韦氏志》。篆盖“大唐故李氏夫人韦氏墓志铭”四行十二字。
十一月廿二日	宣德郎守太子左赞善大夫邵膺正书所撰《郭夫人王氏志》。
十二月廿三日	承奉郎前监察御史里行李汇正书所撰《李峦志》。篆盖“唐故李府君墓志之铭”三行九字。
十二月	李彝正书李纾《康日知志》。

贞元六年(790)

二月廿三日	前乡贡进士韦缜正书所撰《韦端夫人王氏志》。
四月廿四日	温裖正书温初《温任暨夫人李氏志》。篆盖“唐温府君李夫人墓志”三行九字。
五月七日	□否正书孙绛《孙成志》。
六月廿六日	开元寺沙门昙铨正书所撰《畅庭诜志》。
七月九日	将仕郎前左卫兵曹参军王造正书崔丰《卢克义夫人裴氏志》。篆盖“故夫人河东裴公墓志”三行九字。
七月九日	将仕郎前左卫兵曹参军王造(季长)正书崔丰《裴范志》。篆盖“故夫人河东裴氏墓志”三行九字。马瞻刻字。
十月廿八日	洛阳县丞李同系隶书并篆盖王颜《程俊志》。篆盖“唐故程府君墓志之铭”三行九字。
十一月十日	乡贡进士卢项正书所撰《卢项夫人李初

	志》。
十一月廿二日	守前睦州还淳县丞郭孚书于损《杨万荣志》。(吴钢《全唐文补遗》第三辑,待访。)
十一月廿八日	文林郎守京兆府咸阳县尉孙叔武正书杨著《斑慭志》。篆盖"大唐夔州刺史斑府君墓志铭"四行十二字。
是岁	职方正郎知制诰吴通微正书所撰《大圣真身舍利塔铭》。

贞元七年(791)

八月廿六日	通直郎行河南府功曹参军徐顼正书徐申《徐夫人陈氏志》。篆书"唐故临汝郡夫人河南侯莫陈氏墓志铭"四行十六字。
九月十五日	杨必复正书卢建《杨休烈志》。篆盖"大唐故杨府君墓志铭"三行九字。
十月廿八日	马士瞻正书李充《敬爱寺法玩禅师塔铭》。张文凑等刻字。
十月	徐岘(一作"徐现")正书所撰《安国寺大德律师塔铭》。
十一月五日	前大理司直崔说行书所撰《钱君夫人万俟氏志》。行盖"河南万俟氏之墓志铭"三行九字。
十一月廿七日	颜粲正书皇甫政《袁建康夫人崔氏志》。
十一月廿八日	文林郎□郓州郓城县尉郭倚正书郝公聿《崔升夫人杨氏志》。

贞元八年(792)

二月十七日	朝请郎行太原府参军马盍正书并篆盖郑叔规《马炫志》。
二月十八日	给事郎前行陕州芮城县主簿李谦正书赵佶《卢峤志》。篆盖"大唐故范阳卢府君志"三行九字。
五月十二日	通直郎行河南府功曹余姚县开国男徐项正书并篆盖樊泽《李皋志》。(失盖。)屈贲、马瞻刻字。
五月十八日	刘钆(一作"刘钊")正书杨暄《张威德志》。白太清刻字。
八月廿日	于浑正书于畛《独孤夫人李氏志》。楷盖"大唐独孤公夫人李氏墓志铭"四行十二字。
十一月四日	前进士房次卿正书马传儒《常修之志》。
十二月廿一日	宣德郎前行京兆府长安县尉韦诜书所撰《韦诜太夫人郑氏志》。(吴钢《全唐文补遗》第七辑,待访。)
是岁	通王府谘议阴冬曦书马幼昌《王初志》。(陈思《宝刻丛编》卷七引《集古录》,待访。)
是岁	韩秀弼隶书张奢《颍川郡夫人陈氏志》。

贞元九年(793)

六月	秘书正字郭□□正书梁宁《刘复志》。
七月	前河西县尉王瑀隶书黄裳《郭夫人长孙璀志》。

八月十四日	吴士钜正书崔德元《薛夫人吴氏志》。篆盖"大唐薛公故夫人吴氏墓志铭"四行十二字。
八月廿七日	宣德郎前秘书省校书郎皇甫阅正书梁宁《安国寺澄空塔铭》。
十月十五日	前试太常寺协律郎窦牟正书齐煭《李仙志》。
十月十六日	高陵县尉吴士平正书陈归《吴士平夫人李氏志》。
十月廿六日	王溅正书韩皋《窦乂志》。楷盖"大唐故窦府君墓志铭"三行九字。
十二月十六日	承奉郎试泗州长史乐芬正书穆员《辛广志》。篆盖"大唐故辛府君墓志铭"三行九字。

贞元十年（794）

二月十七日	朝议郎前行河南府功曹参军徐顼正书所撰《徐夫人萧氏志》，马瞻篆盖并刻字。篆盖"唐故兰陵萧夫人墓志"三行九字。
七月二日	右神武军录事郭暐正书胡证《郭幼明夫人苏氏志》。行盖"大唐故夫人苏氏墓志"三行九字。
八月	韦成均行书李宣《杜济夫人韦氏志》。
十月廿日	朝议郎前翰林供奉行右领军卫长史刘朝正书孟子周《张夫人崔氏志》。
十一月一日	前太子左赞善大夫李平正书杜确《李元光志》。
十一月廿八日	汜水县令徐岘（一作"徐现"）书并篆额郑叔规

61

《辨正禅师塔铭》。（陈思《宝刻丛编》卷四引《集古录目》，待访。）

贞元十一年（795）

二月十一日　　　沙门温雅正书所撰《要敬客暨夫人阎氏志》。

五月　　　　　　正议大夫行秘书少监郑云逵正书黄裳《郭晞志》。

八月十二日　　　通直郎守太府寺丞杜沔正书韩章《萧季江志》。篆盖"大唐故萧府君墓志铭"三行九字。

八月十七日　　　将仕郎守衡州司仓参军翰林待诏毛伯良正书王涮《杨志廉志》。篆盖"唐赠扬州大都督杨公墓志铭"四行十二字。

八月廿七日　　　储彦琛行草桑叔文《田佹志》。

十月十日　　　　前集贤院张文哲行书钮昕《路江志》。篆盖"大唐故路府君墓志铭"三行九字。

十一月九日　　　张惟静行书杜确《崔汉衡志》。屈贲篆盖并刻字。篆盖"唐故吏部尚书博陵郡开国公赠左仆射崔公墓铭"三行廿字。

十一月十三日　　中散大夫前太子文学陈叔齐正书所撰《邵六奇志》。

十二月卅日　　　韦元嗣正书韦宗卿《裴蔚志》。楷盖"大唐故裴府君墓志铭"三行九字。

贞元十二年（796）

正月十三日　　　徐倚正书徐现《徐漪志》。篆盖"大唐故徐

	府君墓志铭"三行九字。屈贲刻字。
七月壬申	卢士珝行书所撰《卢士珝夫人崔氏志》。篆盖"大唐故崔夫人墓志铭"三行九字。
十月四日	屈贲正书并刻张惟俭《李胄夫人郑氏改葬志》。
十月	瞿㑏隶书所撰《瞿令珪志》。
十二月十五日	王沔正书韩皋《韦少华志》。篆盖"大唐故韦府君墓志铭"三行九字。

贞元十三年（797）

二月四日	乡贡进士张士阶正书所撰《张君暨夫人源氏志》。
四月十一日	刘暅正书所撰《刘升朝志》。
五月十八日	将仕郎前守崇文馆校书郎李君房正书所撰《刘颢志》。篆盖"大唐故刘府君墓志铭"三行九字。
八月十三日	杨泳正书所撰《曹乾琳志》。篆盖"大唐故曹府君墓志铭"三行九字。
十一月九日	太原府功曹试弘文馆校书郎令狐楚正书李演《王沼志》。
十一月廿九日	乡贡明经侯造正书所撰《侯僧娘志》。韩义昌刻字。

贞元十四年（798）

三月廿二日	朝散郎前行同州韩城县尉韩城晤正书所撰《法云寺大德超寂志》。

闰五月十一日	儒林郎试卫尉寺丞刘宗甫正书王博达《氾滔夫人张氏志》。
八月七日	苏进□正书房次卿《苏日荣暨夫人智氏志》。
八月七日	朝请郎行河南府告成县尉侯莫陈恧正书袁抗《袁杰志》。韩义昌刻字。
九月廿四日	任宪芝正书玉泉沙门一光《任日进志》。
十一月四日	前太仆寺主簿史镐隶书张式《杨铥志》。篆盖"大唐故杨府君墓志铭"三行九字。
十一月十五日	通直郎前行湖州乌程县主薄马莘正书所撰《马浩志》。楷盖"唐故扶风马府君墓志"三行九字。
十一月十五日	韦信卿正书韦宗卿《韦信卿夫人裴氏志》。
十一月廿一日	士庭铦正书陈叔齐《士崇俊暨夫人王氏志》。
十二月七日	李濛正书马垂《马炬志》。楷盖"唐故檀州长史马府君墓志铭"四行十二字。
十二月十五日	侯造正书所撰《吕秀暨夫人霍氏志》。
十二月十五日	宣武行军司马陆长源正书袁抗《孝成公夫人元遥志》。
是岁	徐崟行书徐继初《徐君夫人高氏志》。
是岁	郭洪书《刘健暨夫人杨氏志》。(《畿辅通志》卷一百四十,待访。)
是岁	国子四门助教欧阳詹书所撰《马实志》。(《宝刻类编》卷四,待访。)

贞元十五年（799）

二月十日	乡贡进士韩南史正书所撰《崔葛志》。
二月廿二日	李方古正书道士卢元卿题额王颜《赵计志》。（失盖。）
四月廿三日	司录参军庾倬行书所撰《韦勋志》。
六月廿四日	通直郎行河南府功曹参军徐顼正书并篆盖樊泽《李皋志》。屈贾、马瞻刻字。
六月廿四日	前集贤院张文哲正书《崔氏（无生忍）志》。李清刻字。（贞元十五年六月廿四日改卜。）
八月十三日	守河南府参军崔税正书陆复礼《崔程志》。篆盖"唐故清河崔府君墓志"三行九字。
十月五日	太子司议郎郑叔度正书韩晔《韩曩夫人卢媛志》。（韩章撰铭。）
十一月廿七日	侯德方正书所撰《侯遂志》。
是岁	韦皋行书所撰《鹦鹉舍利塔记》。

贞元十六年（800）

正月十八日	将仕郎守监察御史裴次元正书所撰《孙宥颜志》。篆盖"大唐故府君墓志之铭"三行九字。
二月五日	郑□道正书卢珙《卢赡夫人崔氏志》。
二月廿八日	试太子宾客正书田滴《第五雅淑志》。
四月廿二日	李幼昌正书窦群《袁齐志》。
十一月廿一日	征事郎试泗州长史乐芬行书所撰《樊幼暨夫人侯氏志》。

| 十二月八日 | 乡贡进士吕恭正书吕温《吕渭夫人柳氏志》《吕渭暨夫人柳氏志》。 |

贞元十七年（801）

闰正月廿一日	登仕郎前行润州丹杨县尉卢仲权正书所撰《卢仲权夫人王普功德志》。
二月十四日	朝议郎前行宗正寺让皇帝庙丞苏谅正书并篆盖杜黄裳《李良志》。篆盖"大唐故李府君墓志铭"三行九字。
秋月十二日	河内进士常臣川正书所撰《荆肆志》。
七月卅日	京兆长安县尉独孤士衡正书所撰《独孤保生志》。楷盖"大唐独孤氏女墓志铭"三行九字。
八月十二日	史馆国史库直前守梓州参军裴遂正书所撰《谢詹志》。杨华刻字。
九月廿六日	前守洪州参军张巘正书李灏《张滂志》。
十一月二日	陈仲容行书张回《许瑀夫人张氏志》。
十一月六日	逍遥弟子将仕郎前守秘书省校书郎房次卿正书权德舆《韦渠牟志》。篆盖"唐赠刑部尚书韦府君墓志铭"四行十二字。
十一月廿七日	前郑州中牟县尉杨必复正书所撰《元襄志》。
十一月	刘通明书所撰《时揆志》。（《畿辅通志》卷一百四十三,待访。）
十二月三日	李淳正书李藩《李孙孙志》。
十二月六日	张汶正书所撰《徐宇夫人高氏志》。韩义昌刻字。

贞元十八年（802）

正月廿三日	明经刘钧正书杨叶《净土寺明演塔铭》。焦献直刻字。
四月廿九日	通直郎前行河中府参军周珣正书周晗《尼惠因志》。隶盖"唐故尼律师惠因墓志"三行九字。
四月廿九日	侍御史内供奉郭钧正书所撰《郭珮志》。篆盖"唐崔氏夫人郭氏墓志"三行九字。
五月卅日	乡贡进士李行简正书所撰《李行简夫人宇文氏志》。楷盖"大唐故宇文夫人志铭"三行九字。
十月十四日	郑师俭正书王公亮《郑阐志》。
十一月廿九日	儒林郎行汴州陈留县尉朱子元正书所撰《赵季康暨夫人李氏志》。
十二月十九日	乡贡进士韦行素正书王良士《韦甫志》。篆盖"大唐故韦府君墓志铭"三行九字。
是岁	辛秘书《裴郜志》。（陈思《宝刻丛编》卷七引《京兆金石录》，待访。）
是岁	南卓书沈亚之《李汇志》。（陈思《宝刻丛编》卷八引《京兆金石录》，待访。）

贞元十九年（803）

五月廿二日	左神威中护军孔目官给事试右金吾卫兵曹参军徐有信书王恒《徐思倩志》。（吴钢《全唐文补遗》第三辑，待访。）
五月	朱少殷书高郓《义善寺法顺和尚北塔记》。

（《宝刻类编》卷四，待访。元和六年《董希逸志》，书者米少殷，"朱"盖"米"之讹。）

五月	乡贡进士庾敬休正书邵防《严夫人韦氏志》。
七月廿五日	朝议郎试左金吾卫兵首参军张据行书所撰《张明进志》。
八月	荀颖正书孙绍《杨琼志》。
十月八日	甄叔良正书衡准《甄夫人陈温和志》。
十月廿六日	裴造正书王佩《裴荣志》。篆盖"大唐故裴公墓志之铭"三行九字。（志称书者"草隶尽八体之妙"。）
闰十月七日	中大夫恩王府司马嗣泽王李润行书所撰《王郊志》。篆盖"大唐故王府君墓志铭"三行九字。
十一月五日	文林郎试太常寺协律郎成公羽正书所撰《陶英夫人张氏志》。韩义昌刻字。
十一月八日	甄叔良正书衡准《甄夫人陈温和志》。

贞元十□年

| 十月廿七日 | □□砅正书李沼《赵劝志》。 |

贞元廿年（804）

| 四月廿二日 | 前乡贡明经吴则正书夏侯质《韦夫人阎氏志》。楷盖"唐故天水阎夫人志铭"三行九字。 |
| 五月廿三日 | 将仕郎试左监门卫兵曹参军张申约正书所撰《任令珤夫人刘氏志》。 |

68

六月廿六日	房寔正书《韦巽志》。
七月十三日	前汝州龙兴县尉张仲连正书张仲素《刘谈经志》。
八月十八日	河南节度掌书记将仕郎试太常寺协律郎温商正书所撰《李羽夫人王氏志》。楷盖"唐故滏阳县尉李公夫人太原王氏之墓"四行十六字。
八月十八日	温商正书李君何《王澄志》。楷盖"唐赠礼部尚书太原王公之墓"四行十二字。
八月十八日	王宗辅正书李益《李益夫人卢娴志》。
十月十九日	朝议郎前行河中府参军柳正仪正书李再荣《柳昱志》。
	孙藏器正书所撰《光宅寺惠日禅师塔铭》。
十一月十三日	行宋州参军赵旧伦正书单政《赵肃夫人韦氏志》。篆盖"大唐故夫人韦氏墓志"三行九字。
十一月廿五日	试左骁卫兵曹参军魏友方正书卢昱《魏友墓志》。
十二月十九日	萧长正书所撰《袁杰夫人刘氏志》。篆盖"大唐故刘夫人墓志铭"三行九字。
十二月廿日	窦巩正书窦牟《袁亮志》。韩义昌刻字。

贞元廿一年 (805)

二月二日	索庆复行书舒绛《索玄爱志》。
二月廿日	昭武校尉守左武卫翊府左郎将屈贾正书所撰《张惟夫人王氏志》。
三月四日	元章正书元京《元潜志》。

四月七日	乡贡进士徐顼正书所撰《徐覆冰志》。吕州延唐县徐颜题讳。
四月廿二日	前行余杭县尉卢士举正书所撰《夫人李天人志》。楷盖"唐李夫人志"二行四字。（此志四边加铭。贞元十一年五月廿八日，卢士牟《李省权殡志》之李省即其人，或亦出夫君所书。）
七月廿七日	登仕郎试虔王府参军王牟书所撰《王忠亲志》。（吴钢《全唐文补遗》第七辑，待访。）

贞元□年

二月廿一日	承奉郎前行陇州司田参军段光献书所撰《敬太芝志》。（吴钢《全唐文补遗》第七辑，待访。）
八月七日	乡贡进士裴滉正书崔寓《裴鈌志》。篆盖"唐故河东裴公墓志铭"三行九字。

永贞元年（805）

四月十日	韩复正书韩章《韩泐志》。楷盖"唐故谏议大夫韩府君墓志铭"三行十二字。
八月廿四日	宣德郎行江陵府参军张龚正书张囵《九华观道士坟记》。
十月	□同雅书□广□《□氏志》。（周绍良《唐代墓志汇编》，待访。）
十一月二日	嵩岳沙门正书所撰《李俊夫人刘氏志》。篆盖"唐故彭城刘夫人墓铭"三行九字。
十一月五日	乡贡进士孙保衡正书裴垍《孙成夫人卢氏志》。
十二月九日	太岳山人洪得宗书张弘靖《嵩岳寺明悟禅

师塔铭》。(周绍良《唐代墓志汇编》,待访。)

十二月十九日	乡贡进士翟运正书所撰《米继芬志》。
十二月廿五日	邱頵行书侯鈺《陈义志》。篆盖"大唐故陈府君墓志铭"三行九字。
十二月廿五日	郑居业正书卢顼《郑锋志》。
十二月	乡贡进士韦宗礼正书樊绅《韦本立志》。楷盖"大唐故韦府君墓志铭"三行九字。

元和元年(806)

十月十四日	承务郎守郴州司兵参军翰林待诏赵良裔行书陆邳《杨良瑶神道碑》。给事郎守洪州都督府兵曹参军翰林待诏汤陟篆额。篆额"唐故杨府君神道之碑"三行九字。朱士良刻字。
是岁	常州刺史颜防正书所撰《颜防夫人齐氏志》。(《宝刻类编》卷四,待访。)

元和二年(807)

四月十六日	试左武卫兵曹参军刘郢正书朱说言《董楹志》。
五月十五日	崔章正书崔群《郑高夫人崔氏志》。楷盖"大唐故清河崔夫人权厝墓志"三行十二字。
五月	朝仪郎行尚书吏部员外郎柳公绰正书郑纲《刘从一志》。
八月十一日	孙审象正书孙保衡《郑炼暨夫人孙氏志》。

71

八月十七日	将仕郎守衡州司仓参军翰林待诏毛伯良正书王洌《杨志廉夫人刘氏志》。
八月十七日	王源端正书寅亮《崔脩志》。篆盖“大唐故崔府君墓志铭”三行九字。
八月十七日	朝议郎前守太仆少卿范传庆正书郑素《韦羽志》。篆盖“大唐故韦府君墓志铭”三行九字。
八月廿七日	前内供奉赵从义正书严时膺《爨进志》。
八月	程庆元正书柏元封《程惟诚志》。
十一月朔日	朝议郎行殿中侍御史萧祜正书郑宗经《高行晖志》。
十一月一日	郭亚正书郑权《郑士美志》。
十一月五日	程□琎行书《程昭福志》。
十一月廿六日	徐偁正书罗让《徐顼志》。
十二月十三日	李据正书所撰《崔倚志》。
是岁	孙藏器正书郑德玄《僖王(大宫义)志》。

元和三年(808)

四月十八日	李申甫正书刘师老《李夫人崔氏志》。篆盖“大唐故崔夫人墓志铭”三行九字。
七月廿二日	韦行素正书李宗衡《韦聿夫人郑氏志》。
十月十三日	朝散大夫试太子通舍人孙藏器行书所撰《刘君夫人骆氏志》。右金吾引驾仗衙内宿卫守泾州四门府折冲骆怀珍刻字。
十一月十八日	万年县丞斑遇正书斑贽《田夫人斑氏志》。楷盖“大唐故斑夫人墓志铭”三行九字。

元和四年（809）

正月廿九日	崇文馆进士柳成正书所撰《张祐志》。
五月	郑余庆书权德舆《贾耽志》。（陈思《宝刻丛编》卷七引《京兆金石录》，待访。）
八月十一日	文林郎行国子监书馆博士罗造正书并篆盖卢载《卢载夫人郑氏志》。篆盖"唐故荥阳郑夫人墓铭"三行九字。马瞻刻字。
八月十一日	宣议郎行右卫率府录事参军徐俭正书并篆盖元稹《张寔志》。（失盖。）
十月十三日	乡贡进士王楚卿正书许志雍《王叔雅暨夫人王氏志》。
十一月十八日	吴谏正书陈鸿《吴士平志》。篆盖"大唐故吴府君墓志铭"三行九字。
十二月一日	华齐望正书所撰《施昭志》。□□伦刻字。
十二月廿五日	前仆寺丞翟约正书所撰《冯仙师（得一）志》。
是岁	韦泾正书所撰《陈玄志夫人张淑志》。
是岁	胡证书所撰《颜防志》。（陈思《宝刻丛编》卷七引《京兆金石录》，待访。）
是岁	沈传师正书韩愈《元稹夫人韦氏志》。

元和五年（810）

二月	试左武卫兵曹参军王佑正书所撰《王清遐志》。楷盖"唐故王府君墓志铭"三行九字。
四月	魏匡赞行书所撰《魏邈志》。
七月四日	韦同夷正书裴垍《韦沨志》。
八月四日	乡贡进士刘冲玄行书所撰《张涣志》。

十一月五日	蔺从素正书所撰《马英粲志》。
十一月九日	右神策军押牙云麾将军守左清道率李仲举正书李康《高仙志》。楷盖"大唐故高府君墓志铭"三行九字。
十一月廿三日	部虞侯判官承务郎试光禄寺丞李众正书并篆额陈颖《郭超岸志》。篆额"大唐故郭府君墓志铭"三行九字。郭香刻字。
十二月廿四日	刘炼书薛成《刘溢志》。（吴钢《全唐文补遗》第三辑，待访。）

元和六年（811）

四月九日	儒林郎试太子家令寺丞张文哲正书并篆盖李仍叔《崔遂志》。篆盖"大唐故秘书省秘书郎博陵崔公墓志铭"四行十六字。
七月十七日	元从奉天定难功臣壮武将军员外置同正员唐英正书张仲连《宋公夫人张氏志》。楷盖"大唐故张夫人墓志铭"三行九字。
七月廿六日	沙门离爱正书所撰《闾夫人段氏志》。
八月廿八日	朝散郎前行太原府文学张师周正书张敬安《张林暨夫人杨氏崔氏志》。
十月十八日	前行楚州司法参军李仲殷行书所撰《李良夫人任氏志》。
十月廿三日	前太常寺协律郎王叔骥正书所撰《王杲志》。
十一月十二日	王弘乂正书杜师义《王良修夫人薄氏志》。
十月十二日	朝请大夫试太子左赞（善）大夫米少殷行书李遇《董希逸志》。（吴钢《全唐文补遗》，待访。《宝

刻类编》有米少殷书《法顺北塔记》在贞元十九年,时代相近,或同一人。)

元和七年（812）

二月七日　　　　宣德郎行右清道率府胄曹参军董齐正书董交《董楹夫人杨氏志》。安国寺僧同文篆盖。篆盖"大唐故杨夫人墓志铭"三行九字。

四月廿二日　　　前河东节度衙前兵马副使判官镇军大将军行左金吾卫大将试殿中监□劝正书所撰《李景光志》。篆盖"唐故李君墓志之铭"三行八字。

五月廿五日　　　宣德郎试右卫兵曹参军赵损正书史群《李从规夫人尹氏志》。大云寺僧谈寂刻字。

八月七日　　　　符载正书所撰《符载夫人李氏志》。篆盖"符监察亡妻李氏墓志"三行九字。

八月十六日　　　将仕郎守泽州司仓参军滑季康行书权璩《张瑜志》。篆盖"大唐故张府君墓志铭"三行九字。

八月廿八日　　　国子监算学博士梁公颀正书易之武《朱泳志》。篆盖"大唐故朱府君墓志铭"三行九字。

八月廿八日　　　大圣善寺僧文皎正书所撰《何君夫人边氏志》。

十月廿四日　　　王倬书李方舟《王升志》。吕少琼刻字。(吴钢《全唐文补遗》第七辑,待访。)

十一月三十日　　沈珙正书沈斑《沈君夫人杨氏志》。

75

元和八年（813）

正月廿三日	节度讨击副使屈贲正书并篆额崔归美《张曛志》。
二月十三日	易州涞水县尉史环正书张靖宏《史惟清志》。
三月十七日	承务郎万从政正书所撰《万夫人志》。
五月十五日	前郑州参军崔漳正书元辅《崔群暨夫人郑正志》。陈夷肃篆盖。（失盖。）孙济刻字。
八月	徐岘（一作"徐现"）正书所撰《灵珍禅师塔铭》。
八月廿二日	马公咏正书《马考显暨夫人李氏志》。
十月廿九日	卢礼源正书韩愈《李虚中志》。右补阙郑权篆盖。篆盖"大唐故李府君墓志铭"三行九字。
十一月四日	房次卿正书司马仲儒《常修之志》。
十一月廿三日	太子中大夫守京兆尹李铦正书李缫《韦直夫人李氏志》。
十一月十七日	乡赋明经孙□□正书所撰《任紫宸夫人桑氏志》。
十一月廿三日	节度讨击副使屈贲正书并篆盖崔归美《张曛志》。篆盖"大唐谷城县令张府君墓志铭"四行十二字。
十二月五日	徐珰正书所撰《庾仲畲夫人李氏志》。苏系铭。
十二月十七日	乡贡进士李说复正书所撰《高承金暨夫人苏氏志》。
是岁	归登行书并篆额所撰《乐善寺处道和尚塔

铭》。

元和九年(814)

三月十八日	文林郎汝州龙兴县尉乐元素正书所撰《乐芬暨夫人歧珪志》。
三月廿五日	崔惟甫正书所撰《顾夫人崔氏志》。楷盖"崔氏墓志"二行四字。
四月廿五日	宣德郎前晋州司法参军崔巨雅正书崔略《李辅光志》。
五月十四日	郭逵正书陆南城《张良辅志》。
八月十一日	王咎正书王广《王缩暨夫人郑嫒志》。楷盖"唐故左赞善大夫王府君夫人郑氏墓志"四行十六字。
十月六日	公燮正书窦从直《卢君夫人崔绩志》。
十月六日	宣德郎行同州冯翊县尉杜伸正书李文楷《杜台贤志》。篆盖"大唐故杜府君墓志铭"三行九字。
十月十七日	前试太子通事舍人佐时书所撰《王郅暨夫人崔氏志》。（周绍良《唐代墓志汇编》,待访。）
十月廿七日	前陕州灵宝县尉李审正书并盖华良夫《李举志》。楷盖"大唐故李府君墓志铭"三行九字。
十二月十七日	前明经李嗣之正书郑德夷《李玄就志》。篆盖"唐故右神武军兵曹李公墓志"四行十二字。
是岁	文林郎权知光禄寺主薄□□尉陈审正书贾克良《张茂宣志》。

元和十年(815)

四月八日	魏巨赞行书所撰《魏邈志》。
四月廿五日	宣德郎前晋州司法崔巨雅正书崔元略《李辅光志》。
五月卅日	于兴宗正书李好古《韦夫人李氏志》。
八月四日	乡贡进士杜景立正书杜密《薛君暨夫人元氏志》。
八月五日后	承奉郎前行河南府新安县主簿程岵正书李为《程网志》。
十月一日	胡的书所撰《太白禅师塔铭》。□力季文刻字。(明题"书学钟"。陶宗仪《古刻丛钞》,待访。)

元和十一年(816)

二月廿四日	布农李勋正书并篆盖所撰《马楚志》。(失盖。)
二月十五日	少室沙门怀道正书薛观《薛颢夫人韦氏志》。
三月十八日	国子监广文馆进士习缮行正书并篆盖所撰《董文萼志》。篆盖"大唐故董府君墓志铭"三行九字。邵契刻字。
七月四日	韩较隶书韩特《尼昙简志》。
八月廿七日	试左武卫兵曹参军严湛正书裴譔《崔黄左志》。
八月廿七日	严湛正书裴譔《崔泰之夫人李氏志》。
八月廿七日	将仕郎试右武卫兵曹参军严湛正书张惟素

《崔备志》。

八月廿七日	乡贡进士周鲁宾正书所撰《源先人李氏志》。楷盖"唐故新乡县主墓志铭"三行九字。
八月	王叔清正书文湜《柳姓大德塔铭》。
十一月廿三日	试太常寺奉礼郎寇茂元正书宇文佶《班赟志》。篆盖"大唐故班府君墓石志"三行九字。
十一月廿四日	申屠轸正书景邈《申屠晖光志》。
十二月五日	尹承愍正书滕迈《尹承恩志》。篆盖"大唐故尹公墓志之铭"三行九字。
十二月廿七日	韩较隶书韩特《韩昙简志》。
十二月廿九日	乡贡进士张行先正书所撰《薛琯志》。篆盖"大唐故薛府君墓志铭"三行九字。

元和十二年（817）

正月廿八日	沙门贞举正书所撰《郑高志》。
二月十九日	宣德郎前左龙武胄曹杜元弌正书张庑《王蒙志》。
二月卅日	朝议郎行左补阙裴潾正书陈讽《席夔志》。朝议郎行万年县丞韩晤隶盖。（失盖。）
五月廿一日	南阳郡司马魏天应正书李琛《魏浚志》。
闰五月十三日	寇立正书王众仲《崔潜后夫人窦氏志》。马迁刻字。
七月十日	应书判拔萃朝散大夫前太子通事舍人孙藏器行书裴询《秦朝俭志》。
八月三日	张承庆正书张士阶《张士陵志》。

八月三日	郑师复正书李直《李直夫人崔眉志》。
八月十五日	前试太常寺协律郎孙敏行正书钱徽《杨宁暨夫人长孙氏志》。
八月十五日	进士王敬休正书所撰《萧君夫人田氏志》。邵契刻字。
九月廿三日	太清宫道士卢元卿隶书于浑《独孤士衡志》。篆盖"唐故殿中侍御史独孤公墓志"四行十一字。
十月五日	耿元正书王礼贤《王君志》。篆盖"王君墓志"二行四字。刘玉珪刻字。
十月五日	前试太常寺奉礼郎孟俭正书《孟维暨夫人张氏宋氏志》。
十月五日	遂州方义县尉徐朴正书元佑《徐放志》。楷盖"大唐故朝散大夫守衢州刺使上柱国徐君墓志铭"四行廿字。
十一月廿七日	试大理评事李□回正书张博文《马岳夫人李氏志》。乡贡进士马昭篆盖。(失盖。)
十二月五日	前恩王府主薄李杲正书所撰《田意真志》。
十二月十七日	秘书省校书郎柳滙正书柳汶《柳寔志》。篆盖"唐故杭州盐官县丞河东柳府君墓志铭"四行十六字。
十二月	段全纬行书令狐楚《李泳志》。

元和十三年(818)

七月三日	试太常寺奉礼张从周正书桥古夫《杨仲雅志》。篆盖"大唐故杨府君墓志铭"三行九字。

八月廿一日	朝散郎前行左卫骑曹参军刘懿孙正书李宗闵《刘胜孙志》。楷盖"唐故彭城刘府君墓志铭"三行九字。
八月廿一日	应书判拔萃朝散大夫试太子通事舍人孙藏器正书王履贞《阎巨源夫人韩氏志》。篆盖"大唐故西河郡韩夫人墓志铭"四行十二字。
十月十三日	武翊黄书徐翙《百丈怀海禅师塔铭》。（《宝刻类编》卷五，待访。）
十月廿日	庄严寺僧玄应行书所撰《兴国寺宪超塔铭》。
十月廿三日	右千牛卫中郎杨晔正书崔复本《张怗志》。
十月	征事郎守丰陵台丞陈溥正书李黄《张卓志》。篆盖"大唐故张府君墓志铭"三行九字。

元和十四年（819）

二月	沈传师正书张仲素《大圣舍利塔铭》。归登篆额。
二月廿五日	守吏部常选郭宗厚正书郭文应《夫人卢氏志》。篆盖"唐郭氏卢夫人墓志铭"三行九字。
四月八日	王叔清正书文溅《石窟寺大德塔铭》。
五月十七日	乡贡进士王正珙正书所撰《李素志》。
八月廿六日	举进士慕容汤正书所撰《慕容瑰志》。
八月廿六日	乡贡进士李枢正书所撰《李枢夫人唐焕志》。篆盖"大唐故唐夫人墓志铭"三行

九字。

十一月十日	朝请大夫试太子通事舍人赵弘济正书所撰《赵晋志》。
十一月十六日	韦公宿正书韦待《韦君志》。
十一月十六日	文林郎前守渠州司户参军魏琼行书邵仲方《邵才志志》。楷盖"大唐故邵府君墓志铭"三行九字。
十一月廿三日	水部员外郎国子司业张籍正书所撰《李嘉隐志》。张乔刻字。
十二月九日	摄郑滑馆驿巡官柳宗礼正书裴弘泰《裴琪志》。
是岁	段斯立正书段文昌《段文昌夫人武氏志》。
是岁	归登书所撰《庄严寺大慧禅师塔铭》。（陈思《宝刻丛编》卷七引《京兆金石录》，待访。）

元和十五年（820）

正月一日	前山南西道节度判官将仕郎试大理司直兼殿中侍御史韦纾正书所撰《韦端玄堂志》。
三月廿八日	崔节正书卢蕃《卢广暨夫人李氏志》。
四月六日	乡贡进士元途正书张磻《元玄休志》。
五月一日	山南西道节度判官将仕郎试大理司直兼殿中侍御史韦纾正书所撰《韦端志》。
七月九日	河南府参军罗约言正书崔筥《乘著志》。朝议郎权知处州司马翰林待诏赵良裔篆盖。（失盖。）
七月九日	李邵南正书《曹琳志》。
九月十日	福建都团练□□评太□□字卢泰隶书所撰

	《卢偁志》。宋准刻字。
十月十六日	宣德郎试太常寺奉礼郎周仲谞正书并篆盖成元操《张氏志》。朱士良刻字。
十一月十六日	元谆谆正书元宗简《元公谨志》。
十一月廿二日	前乡贡明经李游道正书裴俭《元重华夫人裴氏志》。楷盖"大唐故裴夫人墓志铭"三行九字。
是岁	沈传师正书韩愈《柳宗元志》。

元和中

沈传师正书权德舆《杜佑志》。

随军前明经梁旷正书所撰《何叔平夫人刘氏志》。篆盖"大唐故刘氏墓志铭"三行八字。

长庆元年（821）

二月廿三日	通直郎守潞州大都督府上党县令甄宙正书所撰《甄宙夫人李孁志》。
五月十二日	乡贡进士杨损正书刘齐同《刘和志》。篆盖"大唐故刘夫人墓志铭"三行九字。
七月廿七日	前明经甄俭正书孙正言《甄宙志》。
七月十一日	皇甫埠正书李硎《薛鲁鲁志》。
八月廿七日	法云寺僧至广正书韦式已《韦署志》。
十月四日	试太常寺协律郎崔崇正书所撰《夫人郑氏志》。篆盖"唐故荥阳郑夫人墓铭"三行九字。

| 十月廿二日 | 翰林待诏史宣正书吴延封《吴弘简夫人李氏志》。篆盖"大唐故李夫人墓志铭"三行九字。 |

长庆二年（822）

二月十一日	承务郎行饶州余平县尉翰林待诏郗从周正书所撰《杨峄夫人梁氏志》。
二月廿二日	宣德郎前行太原府参军卢公燮正书张文规《卢士巩志》。篆盖"大唐故卢府君墓志铭"三行九字。韩义诚刻字。
三月十二日	乡贡进士韩旼书韩绰《韩索郎志》。（吴钢《全唐文补遗》第三辑，待访。）
四月四日	将仕郎守尚书都官员外郎王高正书所撰《王高夫人蒋倩志》。
四月十三日	乡贡进士卢元裳正书卢方《卢元裳夫人李氏志》。楷盖"大唐范阳卢君故夫人陇西李氏之墓铭"四行十六字。
五月七日	李居贞正书王玄同《李君志》。
五月廿日	文林郎前守饶州参军薛颖正书袁允《报国寺泛舟禅师塔铭》。
八月十四日	朝议郎前守登州刺史窦庠正书韩愈《窦牟志》。篆盖"唐故国子司业窦府君墓志铭"四行十二字。
闰十月	曹仲宜正书王君章《曹万颐夫人张氏志》。篆盖"唐故清河张夫人墓志"三行九字。
闰十月一日	僧云皋正书白居易《凑公塔铭》。
闰十月七日	登仕郎前守道州江华县丞姚汾正书窦弘馀

《窦师裕夫人卢氏志》。

闰十月十五日	朝请郎行秘书省校书郎韩巽正书杨毅《裴云客志》。篆盖"大唐故裴府君墓志铭"三行九字。
十一月四日	承奉郎前守大理司直卢仲权正书卢士玫《卢士珩志》。
十一月四日	文林郎前试汝州龙兴县尉曹仲宣正书所撰《张锽志》。
十一月四日	王无悔隶书李宗闵《杜式方志》。隶盖"大唐赠礼部尚书杜公墓志铭"四行十二字。
十一月十四日	乡贡进士高智周行书所撰《陆浩志》。
十一月十六日	刘继元行书蒋防《刘忠让志》。
是岁	沈传师正书沈亚之《郭铦墓志》。

长庆三年（823）

四月十三日	少室山僧行操正书所撰《盖瑎志》。吴郡朱润刻字。
七月四日	虢州弘农县尉裴宾正书杨毅《裴奭志》。楷盖"大唐故将作少监裴府君墓志"四行十二字。
七月廿一日	张立孝正书乡贡进士袁少博书讳篆盖李宗何《张屺志》。
十月四日	公纬正书郑还古《卢沐夫人郑氏志》。篆盖"唐故范阳卢府君志铭"三行九字。
十月四日	试太常寺协律郎崔彦崇正书所撰《崔彦崇夫人郑氏志》。篆盖"唐故荥阳郑夫人墓志"三行九字。

十一月四日	李玄庆正书程勉《李君夫人高氏志》。
十一月廿五日	王继之正书杜俣《夏侯升志》。
十二月十日	宣德郎前守宣州当涂县尉赵齐卿正书李退思《能政志》。
十二月廿□日	乡贡进士宗珩正书所撰《刘洞志》。篆盖"唐故刘府君墓志之铭"三行九字。

长庆四年（824）

正月十三日	僧云皋正书侯高《熙怡大师石坟志》。
二月十日	夏侯京之行书郭厚《王君夫人全氏志》。
二月十日	将仕郎试太常寺奉礼郎张守之行书并篆盖吴弘简《李霸志》。篆盖"大唐故李府君墓志铭"三行九字。
三月廿二日	乡贡进士郑希声正书所撰《郭暄志》。楷盖"大唐故郭府君墓志铭"三行九字。
五月一日	凤翔观察推官摄节度使判官朝议郎临察御史里行刘幼复正书所撰《王先夫人吴氏志》。奉议郎前右卫率府兵曹参军马振之上石。陈子春刻字。
五月十九日	僧全一正书宗埙《佚名和尚塔铭》。
六月	柳公权正书李渤《大觉禅师塔铭》。胡证篆盖。
八月七日	李玄同正书崔珰《崔恕志》。
十一月廿五日	王式正书赵儒立《王式夫人曹氏志》。
十一月廿五日	王继之正书杜俣《夏侯升志》。
十二月	王玄弼正书□□《相里友谅志》。

宝历元年（825）

二月十日	乡贡进士韩童孙正书所撰《徐超夫人裴氏志》。
二月廿三日	崔次玙正书郑君房《崔励志》。
四月十二日	徐鄮正书奚敬玄《郑何志》。
五月六日	乡贡明经李邵南正书卢赑《魏仲俛志》。
六月十二日	陈康正书郑抱一《郑雅夫人诸葛氏志》。
闰七月十九日	乡贡进士周汉宾正书李仍叔《李济志》。楷盖"唐宗正少卿李公墓铭"三行九字。
八月二日	守乌江县丞谭温书所撰《韩国信志》。（吴钢《全唐文补遗》第六辑，待访。）
八月十日	试左率府兵曹参军左仇正书并刻胡不千《沈朝砖志》。
十月十五日	文林郎守亳州参军卢遵方正书郑涵《卢士玫志》。
十月廿一日	宣义郎前泽州司仓参军刘惟丰正书李孜《李君夫人吕氏志》。
是岁	张彪书所撰《兴宁寺律如瑙大师塔铭》。（陈思《宝刻丛编》卷十四引《复斋碑录》，待访。）
是岁	释帷恭正书并隶盖李正言《李伸夫人张氏志》。隶盖"大唐故李故夫人墓志"三行九字。

宝历二年（826）

正月廿九日	乡贡进士赵南华正书所撰《朱君夫人解氏志》。

五月廿二日	乡贡进士苏文玄正书所撰《哥舒□志》。
七月一日	前河南府河阴县尉裴绰正书裴缜《李群志》。
十一月廿六日	前京兆府渭南县尉集贤校理孙纾正书令狐绹《孙简志》。
十二月九日	前容管招讨巡官试右领军卫胄参军郑绍方正书王彦威《王氏志》。楷盖"大唐北海王氏墓志铭"三行九字。

大和元年（827）

二月廿八日	朝议郎守洛阳县令王长久正书《王君夫人蒋氏志》。
三月四日	朝议郎行河南府洛阳县尉李审正书并篆盖杨自厚《李举夫人张氏志》。（失盖。）
八月五日	华州参军事崔罕正书崔章《广宣律师成志晉志》。
八月十三日	泾原节度掌书记试太常寺协律郎皇甫弘正书所撰《夫人崔氏志》。楷盖"博陵崔氏夫人墓志铭"三行九字。
九月一日	欧阳溪正书李翱《卢士琼志》。
十一月十四日	乡贡明经李邵南正书并篆盖卢旻《韦详志》。篆盖"唐故韦府君合祔志铭"三行九字。
十一月十四日	度支邢洺院巡官试协律郎王景正书《王勋志》。
是岁	李随正书于敖《总持寺大果禅师藏山和尚塔铭》。

大和二年（828）

二月十日	征事郎守果州南充县令丘景玄正书皇甫权《田锁志》。
二月十六日	崔杭正书崔耿《崔君夫人李贞志》。
二月十六日	柳汶正书张贾《包陈志》。
二月廿三日	朝请郎前试大理评事雷景中正书所撰《梁守谦志》。篆盖"大唐故开府邠国梁公墓志铭"四行十二字。
五月六日	乡贡进士蒋涯正书崔蠡《李昌汶志》。篆盖"大唐故李府君墓志铭"三行九字。李公佶刻字。
五月十二日	文林郎守虢州湖城县主簿李仲京正书李逢吉《刘栖楚暨夫人裴孝智志》。楷盖"唐故桂管都防御观察等使桂州刺使兼御史大夫赐紫金鱼袋赠左散骑常侍刘公墓志铭"六行三十六字。
五月十二日	牢州刺史刘起伯正书崔周辂《刘栖梧志》。
五月十六日	左武卫仓参军丘玄楚正书张籍《阳城县主志》。李叔寂刻字。
八月十九日	朝散大夫检校太子左谕德陈少儒正书顿鸿之《杨士真暨夫人王氏志》。邢公素刻字。
十一月八日	朝散大夫行扬州大都督府法曹参军翰林学士徐幼文正书宋申锡《宋若昭志》。
十二月一日	李商隐正书所撰《王翊暨夫人李氏志》。鱼元弼刻字。篆盖"唐龙武将军太原王公墓志铭"四行十二字。

大和三年（829）

正月廿二日　邢球正书邢群《邢君夫人李氏志》。

二月十日　王肱正书韦正贯《王沼夫人裴氏志》。朱润刻字。

四月十七日　朝散大夫守尚书兵部郎中郭承瑕正书李虞仲《郭钊志》。篆盖"大唐故检校司空兼太常卿赠司徒郭公墓志之铭"五行廿一字。

五月廿四日　承务郎行同州白水县尉李景裕正书王承泰叙王承元铭《王承宗女志》。楷盖"唐故王府君墓志铭石"三行九字。

五月廿四日　承务郎行同州白水县尉李景裕正书李承泰《王承宗季女志》。

六月八日　剑南西川节度巡官试秘书省校书郎李助正书所撰《李愻暨夫人源氏志》。楷盖"唐高安县令李公墓志"三行九字。

七月七日　太清官内供奉三教讲论兼左街道门威仪郗玄表正书宋若宪《田元素志》。

十月二日　宣德郎试大理评事舍人赵克恭正书李仲素《上官政志》。篆盖"大唐故上官府君铭志"三行九字。

十月八日　乡贡进士丁强立正书所撰《权易容夫人丁氏志》。

十月廿三日　韩逮隶书卢从俭《张俦志》。隶盖"唐沔王谘议张公墓志"三行九字。

十月廿六日　儒林郎试湖州安吉县尉曹宾卿正书所撰《赵爱志》。

十月	朝议郎守太子中允李解正书杨嗣复《李温志》。篆盖"唐故陇西李夫人志铭"三行九字。
十月	朝议郎前河南府洛阳县尉李审正书并篆盖杨自厚《李夫人张氏志》。
十一月五日	潭州湘乡县丞李咸正书独孤顿《李冲志》。楷盖"大唐故李府君墓志铭"三行九字。
十一月八日	翰林待诏儒林郎守常州司仓参军骑都尉刘讽正书王源中《许遂忠志》。
十一月廿六日	朝请郎试左金吾卫兵曹参军宋居本正书赵玄卿《王明哲志》。
十一月	王无悔隶书庾敬休《李祐志》。
十二月十一日	崔周辅正书何拱《崔周辅夫人何氏志》。
十二月十四日	河南经略判官承奉郎监察御史里行行方正书处士习缓篆盖崔郾《李盖志》。篆盖"唐故礼部尚书致仕赠太子少师姑臧李公墓志铭"五行廿字。

大和四年（830）

二月廿六日	太微宫道士李玄道隶书并篆额刘从政《吕玄和志》。（失盖。）
四月	柳公权正书牛僧孺《王播志》。
八月一日	乡贡进士申屠唐师正书所撰《卫国华志》。篆盖"唐故卫府君墓志之铭"三行九字。
十月八日	前鄜坊节度巡官通直郎试大理评事李铢正书卢谏卿《何文哲暨二夫人康氏志》。
十月廿日	前滑州酸枣县尉张弘庆正书卢枞《刘茂贞

	志》。
十月廿六日	试太常寺奉礼郎杨础正书所撰《李文政志》。
十月廿九日	将仕郎试太常寺奉礼郎李约正书魏则之《刘渎润夫人杨珽志》。篆盖"大唐故弘农县君杨氏墓志铭"四行十二字。朱弼刻字。
十一月六日	李允中正书殷绍宗《周广夫妇志》。高从雅刻字。
十一月廿日	凤翔节度推官试弘文馆校书崔黯正书路群《裴向志》。
十一月廿日	前守太子文学李瑾正书韦端符《韦行立志》。

大和五年（831）

二月三日	前邕管经略推官给事郎试大理评事兼监察御史豆卢卓正书豆卢署《张遵暨夫人豆卢氏志》。
二月廿六日	崔散大大守谏议大夫骁骑尉郭承碬正书郑澥《赵宗儒志》。
二月	柳公权正书庾敬休《韦文恪志》。
三月廿二日	乡贡进士张损正书赵承亮《三景法师（韩自明）志》。
四月五日	汤珙正书王知微《汤师儒志》。
四月十七日	前右清道率府仓曹参军崔钛正书崔钧《崔苏五志》。
四月廿二日	卢㫩正书卢玉汝《卢敬彝志》。楷盖"唐故舍人卢氏墓志铭"三行九字。

四月廿八日	朝议郎尚书考功员外郎权璩正书王璠《崔弘礼志》。篆盖"唐故东都留守检校尚书左仆射赠司空崔公墓志"五行廿字。
四月廿八日	将仕郎守监察御史柳璟正书樊宗懿《李寘志》。隶盖"大唐故司农少卿李公墓志铭"四行十二字。
五月廿九日	试左武卫长史高文英行书陈来章《赵夫人张氏志》。
八月十九日	崔彦弘正书李珏《李春志》。
九月	沈约行书所撰《宁贲禅师塔铭》。僧谭镜隶额。
十一月八日	施行俭正书赵卿材《徐挚志》。梅君造刻字。

大和六年（832）

正月十八日	□琪正书崔行宣《李夫人庾氏志》。楷盖"唐故新野庾氏墓志铭"三行九字。
正月	裴休正书刘禹锡《韦翃志》。
二月廿一日	马柟正书赵侔《马儆志》。
四月廿日	王惕正书所撰《王恭志》。篆盖"唐故太原王府君墓志"三行九字。
四月廿八日	乡贡进士崔麟正书李庚《柳澈志》。
四月三十日	僧元幽行书僧至闲《岐山甄叔禅师塔铭》。王周古篆盖。
五月四日	乡贡进士宋琯正书李仍叔《皇甫弘志》。
五月八日	正议□□检校右散骑常侍兼光禄卿刘础正书《王公夫人李元素志》。

七月十五日	前忠武军节度使参谋将仕郎检校尚书膳部员外郎兼侍御史李师谅正书所撰《夫人王氏志》。
七月廿五日	前度支巡官试大理评事李仲京正书李仲言《李夫人裴氏志》。
十月一日	乡贡进士任载楷周栯《陈宗武志》。楷盖"大唐故陈府君墓志铭"三行九字。
十月十四日	卢□正书邢群《邢群夫人李柔志》。
十月廿六日	前寿春县主簿张乾休正书崔澈《崔乾夫志》。楷盖"崔府君墓志铭"二行六字。
十月廿六日	登仕郎试太子通事舍人吕贞固正书程度《杭季棱暨夫人陈氏志》。楷盖"唐故杭公合祔墓志铭"三行九字。
十月廿六日	寿州寿春县主簿崔乾休正书崔澈《崔乾夫志》。
十一月	乡贡进士柏康复正书郭损之《柏元封志》。篆盖"唐故卫尉卿赠左散骑常侍柏公墓志铭"四行十六字。
十二月十二日	前泗州团练推官奉义郎试太常寺协律郎李某正书卢商《李君夫人卢氏志》。乡贡进士李婴篆盖。
十二月十二日	李总正书班河《班朗志》。
十二月十八日	任湍正书并篆盖杨硕《陆巽志》。篆盖"唐故吴郡陆府君墓铭"三行九字。
是岁	张汉夫书所撰《许给志》。(陈思《宝刻丛编》卷七引《京兆金石录》,待访。)

大和七年（833）

二月廿六日　　　朝散大夫守谏仪大夫骁骑尉郭承嘏正书郑瀚《赵宗儒志》。

六月七日　　　　莒王府参军殷公庆正书郭儋《殷公庆夫人王僎先志》。

八月十五日　　　田复正书王申伯《内供奉法师窨空塔铭》。

八月廿八日　　　试太常寺太祝刘乾夫书李琐《章四娘（柔和）志》。（吴钢《全唐文补遗》第四辑，待访。）

十一月二日　　　前贝州夏阳县尉杜述甫正书郑瀚《杜行方志》。

大和八年（834）

正月廿日　　　　前邓州司功参军王仲儒正书卢蕃《王翼暨夫人高氏志》。许元晟刻字。

二月三日　　　　朝散大夫守中书舍人权璩正书裴度《杨元卿志》。尚书库都员外郎舒元舆篆盖。篆盖"大唐故太子太保杨公墓志铭"四行十二字。

二月十五日　　　承务郎行潞州长子县尉李玙正书昔耘《李琼志》。楷盖"大唐故李府君墓志铭"三行九字。

二月十五日　　　前宣武军节度参谋试太常寺协律郎郑当正书所撰《郑当夫人王缓志》。

二月十五日　　　乡贡进士周启书并篆盖李抱一《贾温志》。（吴钢《全唐文补遗》第六辑，待访。）

三月十九日	窦浑正书高证《窦季余志》。李元楚刻字。
五月四日	前光王傅田聿行书所撰《严氏志》。
八月六日	乡贡进士王继正书柳弘裕《王师儒志》。楷盖"大唐故王府君墓志铭"三行九字。
八月十二日	胡道舆正书陈肱《陈专夫人乌氏志》。楷盖"唐故乌氏夫人墓志铭"三行九字。
八月廿二日	茂山正书张简修《陆岌夫人张氏志》。李允弈刻字。
八月廿四日	通直郎守司农寺丞武骑尉杨逈正书贾文度《杨逈志》。楷盖"大唐故杨府君墓志铭"三行九字。
九月廿四日	周史正书张文规《卢从雅志》。韩庆刻字。
十月九日	卢弘宣正书崔咸(序)《崔咸志》。隶盖"唐故秘书监崔君墓志"三行九字。
十一月三日	前诸道盐铁巡官宣议郎试大理司直兼殿中侍御史严愈正书所撰《夫人李氏志》。篆盖"唐故陇西李夫人墓志"三行九字。
十一月八日	行扬州大都督府法曹参军翰林学士院待诏徐幼文正书宋申锡《宋若昭志》。
十二月十四日	王璋正书邓同《李宙夫人卢氏志》。(吴钢《全唐文补遗》第七辑,待访。)

大和九年(835)

二月九日	朝议郎试太子通事舍人张殷巢行书所撰《张荣恩志》。
二月廿七日	齐泊正书齐孝曾《齐孝均志》。
三月五日	翰林待诏儒林郎宋汴州司功参军刘讽正书

郑澣《姚存古志》。

四月十日　郑缜正书郑纪《郑党五志》。

四月十日　衡招正书宋大圭《张勋志》。篆盖"大唐故张府君墓志铭"三行九字。

四月十九日　试太常寺协律郎穆翱正书吴植《穆诩志》。

四月廿二日　圣善僧宝谛正书陈商《郑鲂志》。

四月廿五日　试左武卫兵曹参军王亮正书卜炎《邢昌志》。篆盖"大唐故邢君墓志铭"三行九字。

五月廿八日　处士胡季良书所撰《吴氏志》。(陈思《宝刻丛编》卷十四引《复斋碑录》,待访。)

七月三十日　东都留守衙前判官将仕郎试左千牛卫长史李廷正书并篆盖所撰《魏叔元志》。(失盖。)

七月三十日　李邵南正书并篆盖卢猨《吴璘志》。(失盖。)

七月三十日　庾简休正书所撰《庾敬休志》。

八月廿九日　章武及书并刻《王仕伦志》。(周绍良《唐代墓志汇编》,待访。)

八月廿九日　山南西道节度掌书记试太常寺协律郎韦悫正书并篆盖杨嗣复《韩皋夫人魏琰志》。篆盖"唐故钜鹿县君墓志铭"三行九字。

十月一日　承务郎前守珍王府参军韩逵隶书韩镒《韩夫人杨氏志》。隶盖"唐故弘农杨夫人墓志"三行九字。

十月十九日　将仕郎试太常寺奉礼郎金瑜正书所撰《李叔夏志》。

十月十□日　河南府洛阳县主簿柳瓛正书卢谏卿《卢大琰志》。

十月廿五日　乡贡进士杜坰正书并篆盖所撰《李评志》。

篆盖"唐陇西李府君墓志铭"三行九字。

十一月二日　宣德郎前守秘书省著作佐郎充集贤院修撰崔倬正书所撰《崔扶志》。篆盖"唐故协律郎崔君墓铭"三行九字。

十一月廿九日　裴瀚正书杜宝符《裴瀚夫人杜氏志》。篆盖"大唐故杜夫人墓志铭"三行九字。

十二月一日　登仕郎守左监门卫兵曹裴儋正书裴镖《王夫人裴氏志》。

十二月廿三日　乡贡进士柳知微正书柳公权《柳愔愔志》。篆盖"柳氏淑女墓志"三行六字。

十一月　邕管经略判官沈尧章正书权璩《沈传师志》。

大和□年

十二月廿七日　崔周辅正书何拱《崔周辅夫人何氏志》。楷盖"唐崔氏故夫人墓志铭"三行九字。

开成元年（836）

正月八日　岭南观察支使监察御使王无悔隶书《王无悔夫人蒋氏志》。

二月十四日　前秘书省著作佐郎集贤修撰崔倬正书崔耿《崔洧志》。

二月廿日　湖州参军王滕正书王辟《王滕夫人第五琮志》。

四月三日　朝议郎行国子广文博士裴居实正书裴从实《裴咸志》。楷盖"唐故乡贡裴秀才墓志"三

98

行九字。

四月十六日　　　乡贡进士应制刘赟正书所撰《张惟则志》。

闰五月四日　　　将仕郎前守国子监四门博士韦蕃正书所撰
　　　　　　　　《韦全直志》。篆盖"大唐故韦府君墓志铭"
　　　　　　　　三行九字。

六月廿九日　　　栎阳县尉李景裕正书所撰《王循志》。

七月廿三日　　　朝散大夫守给事中郭承嘏正书卢钧《李虞
　　　　　　　　仲志》。篆盖"唐故吏部侍郎赵郡李公墓
　　　　　　　　志"四行十二字。

七月廿九日　　　盐铁东都院巡官文林郎前郓州须昌县尉潘
　　　　　　　　玄敬正书令狐绪《王济志》。篆盖"大唐故
　　　　　　　　王府君墓志铭"三行九字。

九月三日　　　　幽州节度衙前兵马使中散大夫检校太子宾
　　　　　　　　客周在中书所撰《周玙志》。(《文物》1992年第
　　　　　　　　九期,待考。)

十月十九日　　　朝议郎行吉州司功参军翰林待诏毛伯贞正
　　　　　　　　书所撰《贾雄志》。

十月廿四日　　　乡贡进士任硕正书所撰《贺从章志》。

十一月一日　　　处士钟行夷正书所撰《陈去惑志》。

是岁　　　　　　郗从周书刘轲《王践言志》。唐玄度篆额。
　　　　　　　　(《宝刻类编》卷五,待访。)

开成二年(837)

二月二日　　　　朝议郎试左武卫胄曹参军阎瑀正书王顼
　　　　　　　　《秦季元夫人阎氏志》。

二月廿日　　　　郑瑶正书黎埴《黎燧暨夫人卢氏志》。

二月廿日　　　　进士史温如书所撰《史乔如志》。李元楚刻

字。（吴钢《全唐文补遗》第六辑，待访。）

五月十□日	齐夔正书韦诉《韦敬德夫人杜氏志》。
六月廿二日	李豪正书《李保寿志》。
八月廿三日	常州江阴县主簿崔岐书所撰《崔岐夫人郑氏志》。楷盖"唐故荥阳郑夫人墓志"三行九字。
八月三十日	乡贡明经张云黯正书黎埴《董氏志》。国子监刻字白仅刻字。
十月二日	左卫率府仓曹参军韦瑰正书薛廷范《韦承素志》。
十月七日	儒林郎守大理评事李瑾书高锴《郑居中志》。（吴钢《全唐文补遗》第七辑，待访。）
十月十九日	王屋山人蒋玄同正书并篆盖卢简辞《周夫人刘氏志》。（失盖。）
十一月六日	乡贡进士薛鲁正书侯能《薛揄志》。
十一月十二日	韦潜正书裴镭《韦应志》。楷盖"大唐故韦府君墓志铭"三行九字。
十一月廿四日	儒林郎试右卫兵曹参军吕敬忠正书赵博齐《薛周衡志》。楷盖"唐故薛府君墓志铭"二行八字。
是岁	翰林学士谏议大夫柳公权书所撰《柳尊师志》。（陈思《宝刻丛编》卷十引《集古录目》，待访。）

开成三年（838）

| 正月廿三日 | 萧轩正书并篆盖萧颛《萧去尘志》。（失盖。） |
| 四月七日 | 朝议郎行尚书左司员外郎裴夷直正书吕让之《李从易志》。 |

四月十三日	李掖正书所撰《周元长志》。
四月十九日	王屋山人蒋玄同行书并篆盖《周夫人刘氏志》。（失盖。）
四月廿日	宇文坤一正书所撰《田英志》。奉和刻字。
七月廿七日	乡贡进士唐缜正书田舜夫《杨行立志》。
九月廿七日	朱迈夫书崔卓《姚仲然志》。（吴钢《全唐文补遗》第七辑,待访。）
十月朔日	集贤院吕通正书周□《张源志》。
十月十三日	右春坊太子通事舍人崔彦儒正书崔慎由《李氏改葬志》。
十月十九日	处士公乘锐正书崔倬《崔涣暨夫人卢氏志》。
十月廿五日	试太常寺奉礼郎李轲书薛元龟《李泳夫人王氏志》。（吴钢《全唐文补遗》第三辑,待访。）
十一月七日	银青光禄大夫前行鄘王府咨议参军兼殿中侍御史陈专正书所撰《陈氏志》。楷盖"唐故颍川郡程氏夫人墓志铭"四行十二字。
十一月十八日	文林郎前嘉州平羌县令贺直方正书韦承素《孔望回志》。
十一月十八日	前进士曹绍思正书《夏侯夔志》。楷盖"大唐故谯郡夏侯府君墓志铭"四行十二字。
十二月廿六日	王求正书《王夫人李氏玄堂记》。
是岁	韦悫正书所撰《杜元颖夫人裴氏志》。
是岁	刘禹锡书白居易《奉国寺照公塔铭》。（陈思《宝刻丛编》卷四引《集古录目》,待访。）

开成四年（839）

正月廿九日	乡贡进士李琨正书所撰《李丁老志》。
正月丁丑	左补阙韦绚正书所撰《韦道升志》。楷盖"□□韦氏女子墓志铭"三行九字。
二月八日	王文晟正书《王贵通暨夫人崔氏志》。
二月八日	处士孙继正书并篆盖李景先《史孝章志》。篆盖"唐故邠宁等节度检校户部尚书兼御史大夫赠尚书右仆射北海史公志铭"六行三十字。
二月十四日	朝议郎守琼王友上柱国班滋正书班洙《班滋夫人乌氏志》。
二月廿日	将仕郎试太常寺奉礼郎王归厚正书宇文临《宇文悆志》。
四月四日	乡贡进士韦鄜正书《韦孝思志》。郭弘亮刻字。
五月十六日	安国寺内供奉讲论僧建初行书刘轲《玄奘塔铭》。宋弘度刻字。
五月十六日	安国寺内供奉讲论僧建初行书李弘庆《基公塔铭》。
七月	陈去病正书刘轲《宝称律师塔铭》。
八月十一日	杨石正书章鸣凤《宇文立志》。篆盖"河南宇文府君墓志铭"三行九字。
是岁	朱景玄正书所撰《朱叔夜志》。

开成五年（840）

正月廿九日	乡贡进士李光纬正书李德休《崔协志》。

二月一日	凤翔观察推官朝请郎捡校尚书屯田郎中兼侍御史韦行质正书王直方《韦行规志》。
二月二日	宋台正书所撰《陈师上暨夫人郝氏志》。
二月二日	厅典杨从正书杨鲁士《吴氏志》。毛季平刻字。
二月十三日	试太常寺奉礼郎赵继仙正书姚赞尧《成元亮志》。
五月九日	乡贡进士张涂正书所撰《张婵志》。
五月廿一日	郑广正书韦发《郑当志》。
八月廿三日	乡贡进士萧郜正书所撰《萧宁志》。楷盖"大唐故萧府君墓志铭"三行九字。
八月廿九日	翰林待诏将作郎守徐州□县尉安景之奉敕正书李褒《李溶志》。翰林待诏朝议郎守梁府司马唐玄度奉敕篆盖。篆盖"大唐故安王墓志之铭"三行九字。
十一月廿三日	乡贡进士沈庠正书陶温《江华县主志》。篆盖"唐故江华县主墓志铭"三行九字。
十一月廿四日	朝议郎行殿中侍御史孙景商正书所撰《孙景商夫人李氏志》。楷盖"唐故赠陇西县太君李氏墓志"四行十二字。
十一月廿四日	崔珂正书王玄质《崔□伯志》。篆盖"唐故泉州崔府君志铭"三行九字。
十一月廿四日	朝议郎守梁王府司马翰林待诏唐玄度隶书并篆盖李程《李逵志》。（失盖。）朝议郎行庐州巢县丞翰林待诏唐玄序刻字。
十一月三十日	试太常寺协律郎吴谠正书陈植《胡君夫人高氏志》。

十二月廿四日　　　处士萧子真正书李恭仁《李潘志》。

会昌元年 (841)

正月十日　　　　乡贡明经吕造正书杨知玄《吴仲甫夫人毛
氏志》。

二月二日　　　　前义武军同节度副使李阐正书邵章《谭从
周志》。

四月十七日　　　宣义郎试左武卫兵曹参军刘文贞正书何赏
《田氏志》。朝议郎行卢州合肥县主簿翰林
待诏何赏篆盖"大唐故田夫人墓志铭"三行
九字。李从庆刻字。

四月廿一日　　　卢山甫正书并篆盖郑存实《卢楷志》。
（失盖。）

七月廿九日　　　前徐泗宿濠等州观察判官将仕郎监察御史
里行苗恽正书苗愔《苗蕃夫人张氏志》。
行盖"唐故魏国夫人墓志铭"三行九字。

八月廿三日　　　文林郎守京兆府鄠县尉余从周正书皇甫镡
《余凭夫人洪氏志》。

八月　　　　　　孙储正书孙瑝《孙备志》。

九月十五日　　　宣德郎守苏州海盐县令卢绘正书所撰《卢
绘夫人李胡志》。篆盖"唐卢氏故李夫人墓
志"三行九字。

十月七日　　　　翰林待诏朝议郎行卢州合肥县尉希处约奉
敕行书崔铉《纪王志》。翰林待诏朝议郎行
邵州长史毛伯贞奉敕篆盖"唐故纪王墓志"
三行六字。（纪王即李言扬。）

十月十八日　　　将仕郎试太子通事舍人张模行书所撰《武

自和夫人姚氏志》。

十月廿四日	前泽潞观察推官试秘书省校书郎李宣晦正书陆涝《韦埙墓志》。
十月廿四日	韩师复正书并刻所撰《郭良暨夫人张氏志》。
十月廿四日	刘元方正书韩师复《郭良暨夫人张氏志》。
十月三十日	朝散大夫试太子詹事兼监察御史魏则之正书所撰《刘溁涁志》。
十一月廿四日	登仕郎前守左监门卫兵曹参军裴儋正书崔玙《李璆志》。前监察御史里行崔础篆盖。篆盖"唐故河南府司录李君墓志铭"四行十二字。
十二月四日	韩师复正书李宗垂《李彦藻志》。
是岁	宣德郎守苏州海盐县令卢绘正书所撰《李胡志》。

会昌二年（842）

正月十四日	朝议郎行庐州巢县丞翰林待诏唐玄序隶书史礼实《史从及志》。篆盖"大唐故太府寺丞史公墓志铭"四行十二字。
三月廿一日	左街道门威仪郑玄表正书（撰铭）王珩叙《李洞真志》。篆盖"大唐故李练师墓志铭"三行九字。尹仲儒刻字。
七月廿日	朝请郎前行蔡州上蔡县主簿李茂元正书并篆盖所撰《李复元夫人杜氏志》。篆盖"唐李氏故杜夫人墓志"三行九字。
八月十一日	处士孙继正书并篆盖裴譔《王会志》。篆盖

"唐故守右金吾卫大将军兼御史大夫赠工部尚书王公墓志铭"五行廿五字。

八月廿三日　　乡贡进士卢希颜正书所撰《曲元缜志》。

十月七日　　　翰林待诏将仕郎守徐州丰县尉安景之奉敕行书敬皞奉敕《琼王志》。(琼王即李祥。)翰林待诏朝议郎守梁王府司马唐玄度奉敕篆盖。(失盖。)邢公素刻字。

十月三十日　　陇州虢县尉宋黄正书所撰《郑纪志》。

十月三十日　　朝散大夫前守太子右庶子上柱国分司东都崔恽正书崔黯《陈君赏志》。儒林郎守河南府户曹参军陈辽篆额。

十一月六日　　文林郎试左金吾卫长史王冕正书陈义都《朱和夫人南宫氏志》。

十二月七日　　宣仪郎前行太常寺武成王庙丞张玄爽正书高绍《张夫人李氏志》。楷盖"唐故新政县主墓志铭"三行九字。

是岁　　　　　试太常寺协律郎陈谂正书所撰《李光曾志》。(志主卒于六月六日。)

会昌三年(843)

二月一日　　　崔铤正书崔钧《崔元夫夫人敬损之志》。篆盖"唐平阳敬夫人墓志铭"三行九字。

二月十三日　　朝散大夫试颍州司马李景谅正书李遇《栢玄楚志》。

二月廿五日　　乡贡进士齐演正书崔昄《崔仲谟志》。文林郎试太常寺协律郎齐涯篆盖。

二月廿五日　　乡贡进士李琨正书并篆盖严厚中《严愈

	志》。篆盖"唐故中舍严府君墓志"三行九字。
五月廿六日	安子正书沈橹《赵君夫人张氏志》。宜郎篆盖。（失盖。）闰郎刻字。
五月廿六日	宣义郎试左卫兵曹参军刘文贞正书何赏《李遂晏志》。篆盖"大唐故李府君墓志铭"三行九字。李从庆刻字。
五月廿六日	姚璟正书姚勗《姚珏志》。楷盖"大唐故吴兴姚氏墓志"三行九字。
八月	文林郎守左金吾卫兵曹参军杨宇正书所撰《杨宇夫人杜绹志》。李义山篆盖。（失盖。）尚□□刻字。
八月七日	李琨正书兼篆盖卢言《崔林夫人李氏志》。
十一月一日	卢辂正书所撰《卢处约夫人李氏志》。
十一月廿九日	安定处士张彤正书所撰《康璀志》。
十二月	沈鄑正书《钟离府君志》。
是岁	李景章正书并篆额韦综《裴瓒志》。

会昌四年（844）

春	乡贡进士李庚正书姜骘《柳孟志》。楷盖"唐鸿胪少卿孟君墓志"三行九字。
二月八日	朝散大夫守元陵台令郭宗元正书刘符《郭言杨志》。郭思颖篆盖"唐故太原郭府君墓志"三行九字。
四月十七日	宣义郎试左武卫兵曹参军刘文贞正书何赏《田氏志》。朝议郎行卢州合肥县主簿翰林待诏何赏篆盖。篆盖"大唐故田夫人墓志

107

铭"三行九字。李从庆刻字。

七月十日	处士刘顼正书张全庆《李太均志》。篆盖"大唐故李府君墓志铭"三行九字。
七月廿一日	罗弘约正书罗士则《敬氏志》。
七月廿八日	将仕郎守秘书省校书郎分司东都苗绅正书所撰《苗缜志》。韩师复篆盖并刻字。（失盖。）
闰七月十日	朝议郎前行河南府仓曹参军胡竦行书徐备《胡宗约夫人杨氏志》。篆盖"唐故胡氏杨夫人墓志"三行九字。
闰七月十日	翰林待诏朝议郎行扬州六合县尉杨师让奉敕行书孙毅《沔王志》。（沔王即李洵。）翰林待诏朝议郎行邵州长史王伯贞奉敕篆盖。篆盖"唐故沔王墓志"三行六字。
八月七日	苏谢正书苏让《王君夫人苏氏志》。
八月廿二日	金紫光禄大夫充集贤殿大学士柳公权书裴休《演公塔铭》。中书省刻石官昭武校尉守京兆周城府折冲邵建和刻字。（周绍良《唐代墓志汇编》,待访。）
十月六日	将仕郎试太子通事舍人张模行书所撰《张液夫人段氏志》。王仲宣篆盖。（失盖。）文林郎试左金吾卫兵曹参军刻玉册官李郢刻字。
十月六日	王从亮正书侯縢《侯君夫人王氏志》。
十月十五日	乡贡进士萧睦正书赵造《王文干志》。
十月廿三日	右神策军奉天镇判官承议郎试太子雷景中正书所撰《雷讽志》。篆盖"大唐故雷府君

墓志铭"三行九字。

十一月六日	李允中正书殷绍宗《周广暨夫人戎氏志》。高从雅刻字。楷盖"唐故周府君合祔墓志"三行九字。
十二月十九日	前义武军节度掌节记儒林郎监察御史里行窦存辞正书李褒《李正卿志》。
十二月十九日	冯贤书苏绛《贾岛志》。(《宝刻类编》卷六,待访。)

会昌五年(845)

一月十九日	徐琭正书所撰《徐澹季女志》。
五月廿六日	冯继武正书郑处冲《冯自珤夫人李氏志》。
八月九日	将仕郎前义武军节度巡官试太子正字张元孙正书所撰《张渐志》。
八月九日	北部留守推官朝议郎试太子司仪郎兼侍御史李景章正书白敏中《符澈志》。篆盖"唐故赠扬州大都督符公墓铭"四行十二字。
八月廿一日	田雍正书所撰《田在卞志》。
十月廿三日	试太常寺协律郎李武正书张继之《李太恭志》。篆盖"大唐故李府君墓志铭"三行九字。
十一月卅日	朝议郎行尚书虞部员外郎正书篆盖所撰《吕翁归志》。篆盖"唐故东平吕府君墓志"三行九字。

会昌六年(846)

正月十六日	□议大夫柳公权书《福林寺戒塔铭》。窦来

延刻字。（周绍良《唐代墓志汇编》，待访。）

正月十八日	乡贡进士沈回正书郭觳《郭从谅夫人陶媛志》。篆盖"大唐故丹阳郡君墓志"三行九字。
二月十三日	赵义方正书姚汝能《赵文信志》。强琮刻字。
二月十九日	项信正书苏採微《齐鄼志》。隶盖"唐故高阳齐府君墓志"三行九字。王锅刻字。
三月一日	乡贡明经李方素正书贾暄《王时邕志》。篆盖"王公墓志"二行四字。
三月十三日	赵义方正书姚汝能《赵文信志》。强琮刻字。
五月廿日	韦武当正书所撰《韦武仲志》。
五月廿六日	冯继武正书郑处冲《冯自□夫人李氏志》。篆盖"唐故夫人李氏墓志铭"三行九字。
六月二日	文林郎前申州义阳县尉温珽正书温瑄《韦垍夫人温瑗志》。
七月十一日	获嘉县尉王衡正书金厚载《王君夫人沈氏志》。
八月七日	进士严逢正书李坤《严章志》。楷盖"大唐故严府君墓志铭"三行九字。
八月廿七日	韦师谏正书侯谔《朱君夫人冉氏志》。
十一月十四日	乡贡进士卢璟正书《窦师亮夫人李氏志》。
十一月十六日	乡贡进士赵衢正书崔隋《崔隋夫人赵氏志》。
十一月廿六日	元厚正书所撰《夫人胡懿志》。
十二月十七日	马文正书《高俊暨夫人苏氏志》。

十二月廿四日　　　学究冀曙书刘宽夫《李稷志合祔志》。（吴钢《全唐文补遗》第三辑，待访。）

会昌七年（847）

正月廿四日　　　王珏书朱藩《王恽志》。（周绍良《唐代墓志汇编》，待访。）

会昌□年

八月丙寅　　　　李琨正书并篆盖卢言《崔林夫人李氏志》。（失盖。）

大中元年（847）

二月七日　　　　王愷正书并篆盖《王翰志》。

二月廿四日　　　刘习古正书从鹏《刘君夫人马氏志》。中书玉册官京兆府廉平府果毅强琮篆盖并刻字。（失盖。）

四月十五日　　　承奉郎试左卫兵曹参军阎瑾行书徐观《张锋夫人史氏志》。篆盖"大唐张公故夫人史氏墓志铭"三行十二字。

五月廿六日　　　裴彝正书裴夐《裴濛志》。隶盖"唐故河东裴府君墓志"三行九字。任弘庆刻字。

七月癸酉　　　　吕咸正书所撰《吕宁夫人韩统志》。

八月廿七日　　　王蔚正书王葆《王埋志》。

九月廿三日　　　王权正书所撰《王金暨夫人张氏志》。

九月廿九日　　　乡贡进士李标正书所撰《李孝廉志》。

十月二日　　　　文林郎守左卫率府仓曹韦瑰正书薛廷范

《韦承素志》。

十月五日　　　文林郎前守夏州都督府参军陈毅正书所撰
　　　　　　　《高克从志》。

十月十四日　　朝散郎前行光禄寺丞上柱国窦涣正书窦繟
　　　　　　　《窦繟志》。

十月十四日　　王贞祐正书并刊刻崔建《曹府君暨夫人张
　　　　　　　氏志》。

十一月十日　　孙洎正书王融《乐君夫人成氏志》。楷盖
　　　　　　　"唐故乐公夫人墓志铭"三行九字。

十一月十六日　文林郎前守河南府洛阳县尉充集贤殿校理
　　　　　　　郑洎正书令狐绹《崔郸志》。

是岁　　　　　侯湘行书吕让《田绍宗志》。毛伯贞篆额。

是岁　　　　　张行周正书杜秘《李宏本志》。

是岁　　　　　朱玘书任吉《蒋洞幽志》。(陈思《宝刻丛编》卷七
　　　　　　　引《复斋碑录》,待访。)

大中二年(848)

正月廿四日　　俞弘礼书贾暄《张秀荣夫人郎氏志》。(周绍
　　　　　　　良《唐代墓志汇编》,待访。)

三月廿三日　　张敬本正书韦琮《李俊素志》。篆盖"唐故
　　　　　　　陇西李府君墓志"三行九字。吴荣刻字。

四月五日　　　乡贡进士庾晦正书封彦卿《李从易夫人刘
　　　　　　　氏志》。

四月五日　　　儒林郎守宋州穀孰县丞裴扞正书谢当《王
　　　　　　　渭志》。篆盖"唐故太原王府君墓志"三行
　　　　　　　九字。

四月八日　　　登仕郎守鄂州永兴县主簿魏师益篆盖李耽

《李元玢志》。(失盖。)强琮刻字。

四月廿日	罗弘约正书曲文恭《罗士则志》。
五月八日	右神策军奉关镇判官承议郎太子舍人雷景中正书所撰《齐志英志》。
五月廿六日	裴彝正书裴复《裴濛志》。隶盖"唐故河东裴府君墓志"三行九字。任弘庆刻字。
七月四日	乡贡进士李都正书李叔《李群志》。
九月八日	卢敏事正书并篆盖所撰《卢朂夫人郑彬志》。(失盖。)
十月十一日	处士常景周正书殷仲宣《赵元素志》。隶盖"唐故天水赵府君墓志"三行九字。
十月廿三日	朝散郎行右威卫骑曹参军卢从度正书卢载《卢载志》。
十一月十日	翰林待诏中散大夫守鸿胪少卿朱□行书田□《郑德柔志》。赵季随刻字。
十一月廿六日	颜真卿正书《高奇志》。(丁祖荫《重修常昭合志·金石志》,待访。)
是岁	山南东道节度推官征事郎试太常寺协律郎于德旧正书所撰《予汝锡志》。篆盖"唐故河南于公墓志铭"三行九字。

大中三年(849)

正月廿七日	乡贡进士常玗正书所撰《杜君夫人宋氏志》。
二月十一日	前乡贡进士李璋正书并篆盖李暨《李顼志》。(失盖。)
二月十一日	文林郎守河南府参军魏鼎正书所撰《刘搏

夫人孔氏志》。

二月十一日 朝议郎试太常寺奉礼郎田立正书常翔《常臻志》。

二月十七日 朝请郎前行郑州中牟县丞王宗幸正书刘曾《郑钥暨夫人张氏志》。

二月十七日 义武军节度□要将仕郎试太常寺太祝李缄行书陈轩《张锋志》。

二月十七日 鲁复正书朝议郎前汾州灵石县令李礐《王文则志》。李礐篆盖。(失盖。)刻玉册官邵建初刻字。

二月廿九日 焦汉章正书焦文庆《赵氏志》。

四月廿五日 张师昱正书卢鞠《卢辐志》。韩可方刻字。楷盖"唐故范阳卢府君墓志"三行九字。

五月十一日 乡贡明经郭少达正书所撰《张氏志》。篆盖"张氏墓志"二行四字。

五月十九日 柳公权正书杜牧《牛僧孺志》。

五月□日 前东都畿汝城都防御推官将仕郎试太常寺协律郎裴翻正书令狐绹《狄兼謩志》。

六月二日 郑繁正书周敬复《张知实志》。韩师复刻字。

八月十五日 国子监三史张舜公正书所撰《段文绚志》。

八月廿二日 进士崔总正书李铎《崔沆志》。楷盖"唐故清河崔府君墓志"三行九字。

九月十日 乡贡进士卢谵正书程潜《卢重志》。楷盖"唐故范阳卢府君墓志"三行九字。

十一月十六日 前漳州军事判官将仕郎试太子通事舍人张模行书所撰《赵群志》。篆盖"大唐故赵府

	君墓志铭"三行九字。将仕郎行左领军卫长上李郢刻字。
闰十一月四日	崔埙正书卢懿《崔夫人郑氏志》。
闰十一月十六日	乡贡三传卢格正书李福《李恬志》。篆盖"唐故银青光禄大夫翼王府长史陇西李公墓志铭"四行廿字。张元绪、韩可方等刻字。
是岁	乡贡进士李都正书并篆盖李郢《李群志》。（失盖。）

大中四年（850）

正月六日	韩隋正书崔耿《寇章暨夫人郑氏志》。
正月六日	辛冀正书所撰《武恭夫人李凝志》。
正月十七日	前漳州军事判官将仕郎试太子通事舍人张模行书并篆盖陈上美《仇文义夫人王氏志》。篆盖"大唐故王夫□墓志□"三行九字。李钰刻字。
正月十八日	右三军判官征事郎前太子通事舍人盛遇正书并篆盖所撰《高可方志》。篆盖"唐故□□高府君墓铭"三行九字。
正月廿三日	充海沂密等州节度副使朝议郎检校尚书司封员外郎兼侍御使崔铢正书崔铉《崔镛志》。孙汉章刻字。
二月廿一日	太微宫道士李玄道隶书并篆额刘从政《吕玄和志》。
二月廿二日	乡贡进士郑希声正书所撰《郭暄志》。楷盖"大唐故郭府君墓志铭"三行九字。

三月廿一日	将仕郎前守河南府参军卢膺正书所撰《卢岳志》。
四月十二日	颍州团练押衙朝请郎前行饶州乐平县尉李竞奉处分正书魏中庸《舟济律师志》。
四月十三日	乡贡进士杨纬正书并篆盖杨绲《路君夫人王氏志》。（失盖。）孙汉章刻字。
四月十五日	文林郎前越州萧山县尉崔坡正书卢超《崔酆志》。楷盖"唐故旌德崔府君墓铭"三行九字。
五月七日	登仕郎守隰州温泉县令崔洪正书并篆盖李佑之《崔洪夫人郑归志》。篆盖"唐故荥阳郑夫人志铭"三行九字。
七月廿二日	乡贡进士正书常滔《魏钊志》。
八月十一日	左春坊太子典设郎张敦简正书张又新《女真士张熙真志》。篆盖"唐故常山张炼师墓志"三行九字。
八月廿日	孙汉章正书并刻陈圆《李惟一志》。
九月四日	前陕虢等州观察推官试秘书省校书郎杨乘正书所撰《裴诰志》。篆盖"唐故秘书裴君墓志铭"三行九字。
十月五日	乡贡进士高寔正书所撰《高英志》。
十月五日	乡贡进士高寔正书所撰《高崇晖志》。
十月十七日	朝议守国子春秋博士分司东都孙项正书所撰《孙君暨夫人张氏志》。
十月十七日	乡贡进士卢嘏正书崔福《李杼志》。
十月十七日	刘咸乂正书沈枢《刘行余志》。
十一月六日	罗君聪正书董宗裕《齐克谏志》。

十一月十六日	前漳州军事判官试太子通事舍人张模行书并篆盖王式《似先义逸志》。（失盖。）宣节校尉前守左领军卫长上镌玉册官李（君）郢刻字。
十一月十六日	前守河南府洛阳县尉充集贤殿校理郑洎正书令狐绹《崔郸志》。
十一月廿二日	乡贡进士周琳正书薛蒙《周涯志》。
十一月廿二日	李沇正书姚潜《姚合夫人卢绮志》。
十一月□六日	罗君听正书董宗裕《齐克谏志》。
是岁	左谏议大夫宏文馆学士李贻孙书所撰《陈商志》。（《宝刻类编》卷六，待访。）

大中五年(851)

正月九日	乡贡进士杨璟正书所撰《杨璟大人孟氏志》。王少直刻字。
正月廿三日	试左金吾卫长史林言正书尹震铎《李从证志》。毛文广篆盖。篆盖"唐故陇西李府君墓铭"三行九字。
正月廿四日	鲍连正书《鲍君暨夫人王氏志》。
正月	岳林寺僧君长正书所撰《岳林寺塔记》。
四月	谭邠正书《醉吟先生传并志》。白居易撰传。李商隐撰志。
五月	观察支使将仕郎前试太子正字韦钧正书《李自处志》。楷盖"唐故普安公主册赠梁国大长公主墓志"四行十六字。王存约刻字。
七月十二日	试左金吾卫兵曹参军吕文广正书翰林待诏

117

朝请大夫行舒州长史毛伯贞所撰《毛钊夫人吕氏志》。毛伯贞篆盖"唐故夫人吕氏墓志铭"三行九字。

八月四日　　翰林待诏中散大夫守茂王傅朱玘奉敕行书李忱御制《李忱才子仇氏志》。翰林待诏朝议郎行宣州司士参军唐远篆盖。（失盖。）中书省刻字官强琮刻字。

十月廿三日　乡贡学究曲璘正书杜行修《曲元缜暨夫人李氏志》。

十月廿九日　乡贡进士薛寅正书所撰《孙鼎志》。

是岁　　　　僧志遇书所撰《慈恩寺善导和尚塔铭》。（陈思《宝刻丛编》卷七引《京兆金石录》，待访。）（六月十八日卒。）宣义郎行太常寺协律郎骁骑尉柳仲□正书柳公权《韩复志》。篆盖"唐故左庶子韩公墓志"三行九字。鱼元弼刻字。

大中六年(852)

二月十二日　内供奉三教讲论引驾僧清澜行书所撰《同国政志》。

二月十七日　儒林郎守河南府法曹参军崔校正书崔倬《崔苣暨夫人郑氏志》。

二月廿三日　始应进士卢乔正书毕诚《卢就志》。

二月庚申　　韦丞弼正书赵橹《韦正贯志》。

五月四日　　崔谊正书崔让《韦夫人崔氏志》。隶盖"唐故博陵崔夫人墓志"三行九字。（志记夫人"善理笔札，真隶入神"云。）

五月十九日　裴恪正书薛弘休《裴氏志》。

五月廿四日	给事中孙景商正书旧铭《孙廿九女志》。
闰七月廿日	乡贡进士王凭正书并篆盖所撰《王君夫人崔缊志》。篆盖"唐故博陵崔夫人墓志"三行九字。
十月廿日	乡贡进士卢衢正书崔慎由《卢辗志》。（失盖。）
十一月十日	进士封特卿正书孙玉汝《陆绍志》。篆盖"唐故信州刺史吴郡陆公墓志"四行十二字。
十一月十四日	乡贡进士萧宏正书庾游方《夫人萧氏志》。
十一月十七日	祝轶书陶范《侯罗娘志》。柴质刻字。（吴钢《全唐文补遗》第七辑，待访。）
是岁	庾存让书庾道滋《庾承宪志》。（陈思《宝刻丛编》卷八引《京兆金石录》，待访。）
是岁	李方授书于延陵《于武林志》。（《宝刻类编》，待访。）

大中七年（853）

正月五日	崔倬正书陈宽《圆觉大师舍利塔铭》。
正月十八日	前乡贡进士崔葆正书并篆盖徐商《韦瓘志》。篆盖"大唐故秘书监赠工部尚书韦公墓志铭"四行十六字。（书人名著于盖上刹左。）
二月十七日	大兴县尉沈佐黄正书所撰《沈兖志》。
二月壬戌	试左金吾卫长史王幼钧行书费德芳《赵氏康夫人志》。行盖"大唐故康夫人墓志铭"三行九字。宋悦刻字。
七月十三日	乡贡进士苏植正书并篆盖沈佐黄《苏藏玉

志》。篆盖"唐武功苏公墓志铭"三行八字。柳裔刻字。

七月廿日	李衍正书高璩《李珪志》。
八月九日	翰林待诏承奉郎亳州鄸县丞李璟奉敕正书萧邺《茂王志》。（茂王即李憎。）翰林待诏文林郎守宣州司士参军唐远奉敕篆盖"唐故茂王志铭"三行六字。
八月十四日	虞部员外郎许浑正书所撰《萧濛志》。篆盖"大唐故萧夫人墓志铭"三行九字。
八月廿六日	崔居中正书并篆盖崔元范《崔枞暨夫人卢氏志》。
九月三日	幽州节度衙前兵马使中散大夫检校太子宾客周在中正书所撰《周屿志》。楷盖"周府君墓志铭"三行六字。
十月十三日	韩师复正书吕慎徽《华君夫人张氏志》。
十月十六日	游击将军左卫率府左司张齐古正书冯耽《张颐志》。镌玉册官张琼刻字。
十月十六日	乡贡进士杨筹正书柳翰《郭琼志》。翰林待诏朝请大夫守舒利长史毛伯贞篆盖"唐故渠州刺史郭府君墓志铭"四行十二字。镌玉册官李鄑、朱弼等刻字。
十二月十六日	登仕郎守河南府陆浑县丞崔薰书封敖《封鲁卿志》。

大中八年（854）

| 正月廿四日 | 试左骁卫兵曹参军黄实正书郑贺《夫人穆楚志》。 |

120

二月五日	秦管正书并篆盖秦晋《秦朁志》。篆盖"大唐故陇西郡秦府君墓志铭"四行十二字。李宗志刻字。
二月十一日	乡贡进士应制科刘赟行书并篆盖所撰《裴君夫人时氏志》。(失盖。)
二月十七日	李弘宾正书戴聿《何贞裕志》。楷盖"大唐故何府君墓志铭"三行九字。
二月廿九日	给事郎守国子监国子助教卢知宗正书所撰《卢知宗夫人郑子章志》。
四月十六日	韩师复正书裴乾夫《张质夫人王氏志》。篆盖"唐故太原王夫人墓志"三行九字。
五月十二日	盐铁河阴留后巡官征事郎试太常寺协律郎赵璥正书所撰《李端友志》。篆盖"大唐故李府君墓志铭"三行九字。
五月廿四日	乡贡进士李询古书韦澳《韦泂志》。篆盖"唐北陵韦府君墓志铭"三行九字。
八月九日	征事郎试大理评事李衮正书柳喜《契苾通志》。
八月十八日	登仕郎守河南府洛阳县尉沈佐黄正书沈中黄《沈师黄志》。
八月廿日	高师立书麋简《叶再荣志》。张太安刻字。(周绍良《唐代墓志汇编》,待访。)
八月廿日	乡贡进士李郧正书所撰《王逢志》。上都客户坊鲁士端刻字。
九月二日	崔绾正书并篆盖李循《崔君夫人卢氏志》。篆盖"唐故范阳卢夫人墓铭"三行九字。
十月十八日	翰林待诏行左武卫长史齐则书正李栖玄

《王怡政志》。(吴钢《全唐文补遗》第三辑,待访。)

大中九年(855)

二月十一日　　　沙门还浦书所撰《高征志》。(吴钢《全唐文补遗》第七辑,待访。)

二月十一日　　　卢岫正书郑勃《卢当志》。

二月十七日　　　韩师从正书张彤《姚中璠志》。

二月廿三日　　　文林郎守京兆府同官县尉郑綦正书崔干《崔羣志》。韦师□刻字。

二月廿三日　　　张孟正书所撰《张澹志》。楷盖"唐故婺州永康县令张公墓志"三行十二字。

二月廿三日　　　乡贡进士萧朗正书所撰《萧宏志》。篆盖"大唐故萧府君墓志铭"三行九字。赵君庆刻字。

三月五日　　　　乡贡进士崔毂正书所撰《樊士安志》。楷盖"唐故樊府君合祔墓志"三行九字。

闰四月十八日　　李宁正书并篆盖所撰《李宗师志》。篆盖"大唐故陇西李府君墓志之铭"四行十二字。

闰四月廿五日　　奉义郎行河南府河南县尉苗博正书苗恪《苗弘本志》。楷盖"唐故殿中少监苗公铭"三行九字。

五月　　　　　　萧起行书丘丹《大觉禅师塔铭》。

五月十三日　　　苗彦符正书苗国恪《苗恽志》。

五月十三日　　　乡贡进士裴梗正书张道符《李潜志》。楷盖"唐故江夏李府君墓铭"三行九字。

五月廿六日　　　前宣武平节度判官殿中侍御史内供奉李胤

之正书所撰《李范志》。

六月十三日	乡贡进士李驷正书所撰《李损女志》。
七月廿五日	乡贡进士孙綝正书并篆盖孙纾《孙向夫人李氏志》。（失盖。）
八月十四日	处士高硕正书并篆盖范邻《段彝志》。篆盖"大唐故段府君墓志铭"三行九字。赵君政刻字。
八月十四日	节度推官文林郎试大理评事兼监察御史眭督行书并篆盖黄建《王元逵志》。篆盖"唐故太原王太师墓志"三行九字。
八月十四日	高硕正书范邻《段宏志》。篆盖"大唐故段府君墓志铭"三行九字。
八月十四日	左神策军衙前正将张全立行书毛俦《张夫人曹氏志》。
八月廿日	石克勒正书并刻崔安潜《崔师蒙志》。
八月廿四日	处士乌次安正书刘旭《杨乾光志》。
十月廿六日	张存休正书张勤《张勤女张婴志》。楷盖"唐安定张氏亡女墓志"三行九字。
十二月十五日	韩绾正书并篆盖韩昶自撰《韩昶志》。（失盖。）
是岁	孙治正书所撰《王府君志》。

大中十年(856)

| 正月十七日 | 前宣武军节度判官殿中侍御史内供奉李胤之正书所撰《李范志》。篆盖"李君之铭"二行四字。 |
| 正月十八日 | 前乡贡进士崔葆正书徐商《韦瑾志》。篆盖 |

"大唐故秘书监赠工部尚书韦公墓志铭"四行十六字。

二月廿八日　庾慤正书庾道陟《庾二十九女志》。楷盖"唐故庾氏廿九女志铭"三行九字。

四月十三日　吕炫正书吕焕《吕让志》。

四月廿三日　乡贡进士李潜正书所撰《李君夫人姚氏志》。楷盖"唐故吴兴姚夫人墓志"三行九字。

四月廿二日　乡贡进士令狐棠正书所撰《令狐梅志》。

四月廿三日　乡贡进士李齐正书所撰《姚品志》。

六月　　　　朝议郎行殿中侍御史分司东都李庾正书所撰《李昼志》。

七月廿日　　崔谊正书所撰《韦谏志》。李公武刻字。

九月三日　　前幽州节度衙前兵马使检校太子宾客周在中正书所撰《周玙志》。

十月十二日　乡贡进士杨诣正书所撰《刘珵志》。

十月廿四日　节度要籍张元赞正书并篆盖所撰《李府君志》。篆盖"李府君墓志"三行五字。

十月廿七日　孙备正书蒋伸《孙景商暨夫人于氏志》。

十月廿七日　李延师正书崔璞《夫人李氏志》。楷盖"大唐左补阙崔故夫人陇西李氏墓志铭"四行十六字。

十月廿七日　蓝田县尉冯谦正书并楷盖冯缄《冯审志》。楷盖"大唐赠刑部尚书冯公墓志铭"四行十二字。

十二月五日　前守河南县令李涪正书李都《孙瑝志》。正书盖"唐故御史中丞汀州刺史乐安孙公墓

124

	铭"四行十六字。
十二月廿八日	刘颍正书刘翘《晏曜志》。刘匡篆盖。（失盖。）
是岁	殷玄珪正书王自牧《胡洙夫人曹氏志》。

大中十一年（857）

二月五日	朝请郎前行太原府参军李黙正书冯图《王宰志》。
二月廿二日	右街福寿寺内道场讲论僧绍兰行书崇福寺僧彦楚《僧录灵晏志》。张公武刻字。
三月七日	乡贡进士卢璠正书卢韶《卢衢志》。孙汉章刻字。
三月	陆肱正书所撰《陆文正志》。
四月九日	乡贡进士卢韬扙正书卢韶《卢衢志》。孙汉章刻字。
四月廿七日	承议郎行河南府兵曹参军崔浑正书卢缄《卢缄夫人崔氏志》。
四月廿九日	前摄涿州范阳县丞节度要籍于全益正书李俭《陈立行志》。
五月一日	苏确正书《卢弘本志》。
五月一日	苏确（奉伯舅命）正书《卢子道志》。
五月十日	严八书《李修夫人刘氏志》。（吴钢《全唐文补遗》第七辑，待访。）
五月廿四日	将仕郎秘书省正字李坤正书刘锐《刘洽夫人姚氏志》。楷盖"唐故姚夫人权葬石表"三行九字。
六月廿八日	鲁谂正书李恽《鲁子谦志》。翰林待诏张宗

厚篆盖。篆盖"大唐故鲁氏墓志之铭"三行
九字。鲁球刻字。

八月廿六日	乡贡进士崔晊正书张孟《郑长诲志》。
八月廿六日	乡贡进士崔绖正书郑愚《裴锽志》。篆盖"唐故河东裴公墓志"三行八字。
十二月廿七日	乡贡进士李涤正书李胤之《李氏十八娘（国娘）志》。篆盖"唐故陇西李氏女墓志"三行九字。

大中十二年（858）

正月廿二日	崔潼正书崔潘《尼广素志》。楷盖"唐故安国寺尼广素铭"三行九字。杜师简刻字。
二月廿一日	乡贡进士郑晦行书所撰《闾知诚志》。翰林待诏朝散大夫守襄州长史毛伯贞篆盖。篆盖"大唐故闾府君墓志铭"三行九字。
二月廿一日	给事郎、前行宋城县尉裴铎正书裴宥《裴谦志》。
二月廿一日	文林郎前守汝州襄城县尉陆汉卿正书蒋伸《陆躭志》。篆盖"唐故泾原节度陆尚书墓志铭"四行十二字。
二月廿一日	癸仕郎前守京兆府昭应县尉崔瀋正书崔□《崔礎志》。
四月十五日	乡贡进士沈州来正书沈佐黄《沈中黄志》。
五月十二日	曹洪正书卢韬《卢君夫人郑氏志》。篆盖"唐卢君郑夫人墓志并盖"四行十字。张元绪刻字。
八月八日	将仕郎守汝州龙兴县尉冯文绍正书冯鍼

《女真冯行周志》。

八月十四日	乡贡进士韦郜正书韦元实《王修本夫人韦氏志》。
九月二日	外摄监察御史邵雄正书所撰《邵夫人李虔志》。篆盖"唐李夫人墓志铭"三行七字。
十月十二日	朝请郎前行庄陵丞高勋正书《高氏志》。
十月廿六日	朝请郎前行河南府巩县丞崔彦宗正书崔彦佐《崔彦温志》。
十月廿六日	樊恪正书并篆盖所撰《苗绠夫人李楬志》。篆盖"唐故苗府君夫人墓志"三行九字。刘庆刻字。
十一月廿一日	宣义郎守太子司仪郎韦择正书辛裕《路复源志》。
十一月廿八日	林珽正书《汤华暮志》。
十二月十日	乡贡进士李翱书《金淑□志》。(陈思《宝刻丛编》卷十四引《复斋碑录》,待访。)

大中十三年(859)

三月廿九日	节度驱使官贾景实书并篆盖许胜《董唐元志》。(吴钢《全唐文补遗》第三辑,待访。)
三月	朱玕书《朱萱志》。(《古志新目》,待访。)
四月十四日	登仕郎守歙州休宁县主簿直翰林院史颀正书并篆盖陈竦《王公素志》。篆盖"唐故太原郡王府君墓志之铭"四行十二字。玉册官陈从谏刻字。
五月	乡贡进士郑岫正书路植《韩孝恭玄堂铭》。
五月	杨涤正书所撰《杨涤夫人张氏志》。(其铭

127

行书。）

六月十八日	孔某正书令狐专《唐安寺尼广惠塔铭》。
七月八日	将仕郎前守宋州宁陵县尉卢瓘正书《李道周志》。
七月廿日	田宿正书姚潜《李鹄志》。屈瑗篆盖并刻字。篆盖"唐田君故夫人陇西李氏墓志"四行十二字。
七月廿九日	昭应县尉庾愿正书庾崇《庾游方志》。
八月十九日	顾眈正书所撰《王宗志记》。
八月廿三日	乡贡进士孙绿正书并篆盖孙徽《孙徽夫人韦氏志》。篆盖"唐故宗兆韦夫人墓志铭并序"四行十二字。
十月十二日	前陕虢等州防御巡官试秘书省校书郎裴晔正书李景让《裴夷宜志》。
十一月廿一日	张审理正书并篆盖李仿《张审文志》。（失盖。）
十二月十九日	浙江东道观察使将仕郎试秘书省正字韦慎枢正书所撰《韦辂志》。
十二月	殷绍业正书所撰《殷繇志》。
是岁	僧镜霜书所撰《章敬寺法照和尚塔铭》。（陈思《宝刻丛编》卷八引《京兆金石录》，待访。）

大中十四年(860)

二月廿一日	将仕郎守秘书省校书郎分司东都张裕正书崔格《王虚明志》。
二月廿七日	前谷熟尉孙郑九正节孙纾《孙嗣初夫人韦氏志》。楷盖"大唐故韦夫人墓志铭"三行

九字。

| 二月廿八日 | 文林郎前行罗州司马上柱国崔鄮行书并篆盖所撰《李敬实志》。篆盖"唐故军器使赠内侍李公墓志"四行十二字。镌玉册官伊仲俦刻字。 |

四月十四日　乡贡进士韦瑝正书韦庾《韦瓒志》。楷盖"唐故北陵韦府君墓志铭并序"四行十二字。

四月十四日　孟启正书并篆盖孟球《孟璲志》。篆盖"唐故京兆少尹孟府君墓志铭"四行十二字。

七月廿八日　刘八正书苗恪《李浔志》。

八月廿五日　乡贡进士李发正书并篆盖李敞《卢重志》。篆盖"大唐故卢府君墓志铭"三行九字。

十月廿一日　翰林待诏朝议郎守率更寺丞上柱国董景仁奉敕行书李觊《庆王李沂志》。翰林待诏承奉郎行阆州司户参军董咸奉敕篆盖"唐故庆王墓铭"三行六字。玉册官邵建初刻字。

大中□年

是岁　能遂书孙因余《郭宁志》。(陈思《宝刻丛编》卷十四引《复斋碑录》,待访。)

咸通二年(861)

正月七日　宣德郎行内侍省内仆局丞马全绪正书许业《江师式志》。篆盖"济阳江公墓志"二行六字。

正月十三日	□议郎守京兆府昭应县尉李郸正节所撰《田文雅志》。
二月二日	田汉昭正书张洪《田夫人倪氏志》。楷盖"大唐故太夫人墓志铭"三行九字。
二月五日	将仁郎守秘书省正字封特卿正书封彦卿《封随暨夫人卢氏志》。
二月十八日	独孤献正书独孤霖《独孤骧志》。
二月廿九日	乡贡进士裴埠正书裴坦《阳堡志》。
二月	杨全敏正书傅滔《杨居实志》。
三月廿二日	乡贡进士王南薰正书并篆盖所撰《罗叔玹志》。（失盖。）
四月二日	乡贡进士李梦龟正书所撰《李招儿志》。
五月十二日	将仕郎守饶州乐平县丞郭道元正书温庭筠《杨辇志》。
八月七日	刘征正书所撰《张勃志》。
八月十八日	乡贡进士侯岩正书所撰《侯囷暨夫人林氏志》。
九月十二日	杨去回正书所撰《张延著志》。
十月三十日	朝议郎行侍御史于璭正书高璩《白敏中志》。
十一月二日	呼延奉璋正书王逢《吕夫人吴氏志》。篆盖"大唐故吴夫人墓志铭"三行九字。
十一月三日	卢珪正书卢璋篆盖李蔚《卢缄暨夫人崔氏志》。（失盖。）
十一月十四日	鄂岳等州都团练判官试大理评事杨坛正书所撰《杨皓志》。
十一月廿日	将仕郎监察御史里行郑繁正书郑薰《杨汉

公暨前夫人郑氏、继夫人韦氏志》。

咸通三年（862）

正月廿二日　　乡贡进士卢璿正书并篆盖崔岘《崔君后夫
　　　　　　　人卢氏志》。（失盖。）

二月廿二日　　乡贡进士王南薰正书并篆盖所撰《罗叔玠
　　　　　　　志》。（失盖。）

四月八日　　　登仕郎郑州管城县主薄崔绥正书所撰《崔
　　　　　　　审文暨夫人李氏志》。隶盖"唐故朝散大夫
　　　　　　　守郑州司马崔府君墓志"四行十六字。

四月廿三日　　前太常府寺丞崔衮正书崔沆《崔鏚志》。篆
　　　　　　　盖"唐故博陵崔公墓志铭"三行九字。

四月廿九日　　乡贡进士严岩正书侯固《严珪志》。楷盖
　　　　　　　"唐故冯翊县君墓志铭"三行九字。

五月廿三日　　前摄淄青观察使馆驿巡官朝议郎试大理评
　　　　　　　事章思庆正书所撰《田公远志》。

八月十日　　　李曷正书并篆盖杨坤《狄玄愬志》。篆盖
　　　　　　　"□故天水狄府君墓铭"三行九字。

十月五日　　　进士杨缄正书并篆盖卢氏《夫君崔申伯
　　　　　　　志》。（失盖。）

十月七日　　　皇甫充正书皇甫从篆盖郑薰《皇甫钰志》。
　　　　　　　篆盖"唐故给事皇甫府君墓志铭"四行十
　　　　　　　一字。

十月十一日　　乡贡进士行书所撰《靳鄜志》。

十月十四日　　□□君正书赵璘《赵璜志》。

十月廿五日　　摄荆南观察推官将仕郎试秘书省校书郎柳
　　　　　　　说正书并篆盖元繇《赠宋国长公主韦氏

志》。（失盖。）

十一月廿日　　　　陈郅行书李修《王子琚志》。

十二月廿一日　　　崇文馆校书郎李磶正书郑枢《郑枢夫人李
　　　　　　　　　氏志》。高雅刻字。

是岁　　　　　　　卢幼章正书卢荷《韦公夫人卢氏志》。

咸通四年（863）

二月廿七日　　　　文林郎前池州青阳县尉赵逢正书唐思礼
　　　　　　　　　《王太真志》。

四月十七日　　　　翰林待诏将仕郎前守右威卫长史张宗厚奉
　　　　　　　　　敕正书独孤霖《平原长公主志》。翰林待诏
　　　　　　　　　承务郎行左春坊太子典膳局丞毛知俦奉敕
　　　　　　　　　篆盖。篆盖"大唐故赠平原长公主墓志铭"
　　　　　　　　　四行十二字。强琮刻字。

四月十七日　　　　鄜州甘泉主簿程进思正书温宪《程修己
　　　　　　　　　志》。程再思篆盖。篆盖"唐故广平程府君
　　　　　　　　　墓铭"三行九字。

四月廿九日　　　　李藻正书吕杭篆盖李彦休《李贻休志》。
　　　　　　　　　（失盖。）

四月廿九日　　　　乡贡进士郭巢颍正书所撰《郭锷志》。

五月廿九日　　　　朝议郎前守河南少尹崔碣正书所撰《卢逢
　　　　　　　　　时夫人李氏志》。

七月十三日　　　　雄武军平地栅巡检烽浦大将军游击将军试
　　　　　　　　　左骁卫将军王弘泰行书李玄中《王公晟夫
　　　　　　　　　人张氏志》。杨君建刻字。

八月七日　　　　　翰林待诏朝议郎前守濮州司马李璟奉敕行
　　　　　　　　　书于琮《夔王志》。（夔王即李滋。）翰林待诏承务郎行左春坊太子典膳局丞毛知侜奉敕篆盖"唐故夔王墓志"三行六字。中书省镌玉册官陈从谏刻字。

咸通五年（864）

正月九日	前镇陇州防御衙推登仕郎试左武卫兵曹参军饶简正书所撰《师全介志》。
二月九日	乡贡进士郑士赟正书郑士赡《崔逦夫人郑氏志》。楷盖"唐崔氏郑夫人墓志铭"三行九字。
二月十五日	朝请大夫检校太子宾客兼监察御史刘蒙正书魏沛《杨玄略志》。
二月十五日	朝议郎行尚书司勋员外郎高湜正书所撰《高湜夫人郑氏志》。篆盖"大唐故杨府君墓志铭"三行九字。
二月廿七日	李晓隶书吴烛《李思贞志》。玉册官尹仲俦刻字。篆盖"唐故万府君夫人李氏墓志铭"四行十二字。
四月十四日	苗眈纪正书所撰《苗眈纪夫人李芙志》。楷盖"大唐苗氏儿母李墓志"一行九字。
五月十七日	宣歙池等州都团练判官试大理评事卢□书所撰《郑居中暨夫人崔氏志》。（吴钢《全唐文补遗》第七辑，待访。）
六月十八日	广文进士钟辐正书庾道蔚《苗绅夫人庾氏志》。
六月	高墉正书所撰《龙华寺窣堵波塔铭》。
八月十八日	石克勤正书刻字崔安潜《崔师蒙志》。楷盖

"唐立山司马崔君墓志"三行九字。

十一月十九日 银青光禄大夫检校国子祭酒前袁王府咨议参军侍御史李庆复正书卢兼《张谅志》。

十一月廿六日 守京兆府咸阳县尉李深正书许琮《李明(二十四女)志》。篆盖"唐故陇西李氏女墓铭"三行九字。

十一月□日 进士韦德隣正书韦汾《董氏志》。

十二月七日 翰林待诏承奉郎守建州长史董咸隶书并篆盖崔希古《李璆夫人金氏志》。篆盖"大唐故金氏夫人墓铭"三行九字。

咸通六年(865)

正月十九日 李□书常铩《姚潜志》。(吴钢《全唐文补遗》第七辑,待访。)

正月廿四日 昭义军桭武行营都知兵马使驳使官登侍郎试左武卫兵曹参军朱荣正书萧璹《朱荣夫人尹氏志》。

二月廿一日 翰林学士朝议郎守尚书户部郎中知制诰裴璩正书刘邺《高璩志》。

四月十七日 吴弇正书颜谭《段璲夫人严氏志》。翰林待诏王知俦篆盖。(失盖。)

四月廿日 两池榷盐使守太子右庶子兼御史中丞李从质正书所撰《李从质夫人张氏志》。楷盖"故妓人清河张氏墓志"三行九字。

四月廿日 乡贡进士李殷望正书并篆盖令狐泽《翟庆全志》。篆盖"唐故翟长史墓志之铭"三行九字。鲁球刻字。

七月廿三日	翰林待诏将仕郎守泗州司马张宗厚奉敕正书刘允章《贵妃杨氏志》。翰林待诏承议郎守建州长史董咸奉敕篆盖。篆盖"大唐故杨府君墓志铭"三行九字。中书省刻字官强琮刻字。
七月廿三日	翰林待诏朝请郎行庐州舒城县主簿郭弘范奉敕行书裴璩《李悟夫人崔氏志》。翰林待诏朝议郎守左春坊典膳局丞毛知俦奉敕篆盖。篆盖"唐故赠魏国夫人崔氏墓志铭"四行十二字。中书省刻字官强琮刻字。
七月廿三日	宣徽医官使朝请大夫行内侍省宫闱局令杨可权正书并篆盖杨复恭《王彦真志》。篆盖"大唐故王府君墓志铭"三行九字。
七月三十日	承仪郎前行河南府伊阙县丞李瑄正书刘玄章《皇甫炜志》。
七月	胡专书裴翻《崔执柔志》。(《宝刻类编》卷六，待访。)
八月廿四日	乡贡进士崔元龟正书崔坦《高璠志》。楷盖"渤海郡高府君墓志铭"三行九字。
十月六日	乡贡进士崔晔正书所撰《崔行规夫人郑娟志》。韩师复刻字。
十月七日	苏格正书张彤《邓氏志》。楷盖"唐故南阳邓氏墓志铭"三行九字。张元绪刻字。
十月廿二日	乡贡进士张魏宾正书所撰《王仲建志》。
十月廿二日	乡贡进士张绚正书骆茂弘《武周礼夫人樊氏志》。中书玉册官强存章刻字。
十月廿二日	吴藩正书卢浩《何弘毅志》。

十月廿二日	中散大夫使持节常州诸军事权知常州刺史杨知至正书杨知温《李朋志》。
十月廿二日	中散大夫权知常州刺史杨知至正书杨知远《李朋夫人杨氏志》。
十月廿二日	张孟正书所撰《张佐元暨夫人志》。
十月廿五日	节度要籍兼摄涿州范阳县丞于全则书并篆盖张建章《论博言志》。（吴钢《全唐文补遗》第七辑，待访。）
十月廿五日	乡贡进士令狐洵正书并篆额令狐□《令狐纬志》。（失盖。）

咸通七年（866）

正月五日	中书舍人崔尧正书所撰《崔媟志》。
闰三月十五日	吴涓正书《吴绍志》。
闰三月廿七日（卒日）	文林郎权知汾州录事参军杜振正书林速《杜传庆志》。楷盖"唐京兆杜府君墓志铭"三行九字。
四月廿日	乡贡进士郑蠙正书乡贡进士高鹄篆盖张峻《李凝志》。（失盖。）
四月廿二日	登侍郎前河南府偃师县尉姚韫正书刘承雍《姚璩志》。楷盖"唐故里兴姚府君墓铭"三行九字。
六月廿三日	乡贡进士李垣正书李垣《剧海夫人史氏志》。楷盖"唐故渤海史氏墓志铭"三行九字。
七月三十日	翰林待诏将仕郎守凉王府咨议参军张宗厚奉敕行书卢深《普康公主志》。翰林待诏朝

<table>
<tr><td></td><td>请郎守殿中省尚舍局直长毛知俦奉敕篆盖。（失盖。）</td></tr>
<tr><td>七月三十日</td><td>孙阿陀正书孙奭《孙嗣初志》。</td></tr>
<tr><td>八月十八日</td><td>李衎正书杨埴《李亚封志》。楷盖"唐故李府君墓铭石记"三行九字。</td></tr>
<tr><td>八月廿四日</td><td>登仕郎前郑州司法参军郑宣远正书李近仁《卢从度志》。</td></tr>
<tr><td>十月廿五日</td><td>朝散郎行大理评事李谟书所撰《裴箱志》。楷盖"故河东裴夫人墓志铭"三行九字。</td></tr>
<tr><td>十二月廿五日</td><td>申憝正书所撰《申临暨夫人王氏志》。</td></tr>
</table>

咸通八年（867）

<table>
<tr><td>正月廿五日</td><td>御食使登仕郎张元勿正书所撰《刘仕俻志》。</td></tr>
<tr><td>二月一日</td><td>乡贡进士李温正书贾当《王虔畅志》。篆盖"大唐故王府君墓志铭"三行九字。</td></tr>
<tr><td>二月二日</td><td>乡贡三传陈滉正书李公俭《杨栖愈志》。中书省镌玉册官强存审刻字。</td></tr>
<tr><td>二月二日</td><td>乡贡进士卢嵩正书李邃《卢约夫人崔氏志》。</td></tr>
<tr><td>二月二日</td><td>幽州节度衙前散兵马使张总章正书张珪《张建章志》。篆盖"唐蓟州敕史兼御史大夫张府君墓志铭"四行十六字。</td></tr>
<tr><td>二月三日</td><td>尚逊正书施谊《尚弘简志》。玉册官陈从谏刻字。</td></tr>
<tr><td>二月廿日</td><td>朝议郎行左春坊宫门丞牛秀璟正书何遂《萧弘愈墓》。处士杜逢篆盖(额)。篆额"唐</td></tr>
</table>

故兰陵萧公墓志"四行八字。玉册官陈从谏刻字。

二月廿日　　登仕郎前守华州华阴县丞李顼正书崔郢《李颍志》。

二月廿日　　乡贡进士苗晦正书所撰《苗素志》。

三月二日　　处士申益正书郑驾《元从谨志》。

三月十四日　乡贡进士卢庭珪正书卢裔龟《卢氏小娘子志》。楷盖"唐故范阳卢氏小娘子墓志铭"四行十二字。

四月四日　　处士杜逢正书牛秀璟《何遂志》。玉册官陈从谏刻字。

四月十日　　文林郎守河南参军任体仁正书孙玩《孙虬夫人杜令仪志》。

四月十六日　翰林待诏朝议郎行亳州谯县承郭弘范奉敕正书李鹗《郎宁公主志》。翰林待诏承奉郎守殿中省尚药奉御董咸奉敕篆盖。篆盖"唐故郎宁公主墓志铭"三行九字。邵宗异刻字。

七月十二日　前乡贡进士崔凝正书自撰《崔凝夫人崔氏志》。楷盖"崔氏亡室李夫人墓志"三行九字。

七月十六日　□遵望正书张梾《张梾夫人吴氏志》。楷盖"濮阳郡吴夫人墓志铭"三行九字。

八月六日　　乡贡进士令狐询正书并篆盖令狐澄《令狐纮志》。篆盖"唐故陕州度支院令狐府君墓志之铭"四行十五字。

八月十八日　试太常寺奉礼郎李璹书夏候智《王氏志》。

八月十八日	检校太子宾客守郢州司马兼监察御史屈覃正书顾特《成铎志》。潘存约刻字。
八月十八日	试左武卫兵曹参军成涛正书沈承休《郭继洪志》。
八月廿五日	楚封正书李彬《李彬夫人宇文氏志》。
十一月十一日	姚綦正书所撰《李公觋志》。
十一月廿五日	将仕郎前守华州参军崔充正书裴珏《崔涓志》。

咸通九年（868）

正月廿八日	乡贡进士裴澹正书裴璥《裴玩志》。
五月四日	侯筠正书李昌虞《侯赡志》。楷盖"唐故上谷侯府君墓铭"三行九字。
七月十八日	乡贡进士李诚正书郝乘《魏涿志》。
七月三十日	乡贡进士孙繁正书孙徽《孙谠志》。朝议郎守左补阙内供奉孙徽篆盖。（是志无年月，岑仲勉《续贞石证史·孙谠志立年考》定于咸通九年，从之。）
七月三十日	试太常寺奉礼郎卢翚书杨勋《魏夫人韦氏志》。中书镌玉册官强存审刻字。（吴钢《全唐文补遗》第三辑，待访。）
八月十一日	孙郢正书孙邺《孙方绍志》。
八月廿九日	朝请大夫守中书舍人安潜正书崔慎由自撰《崔慎由志》。
十月五日	汤琮正书所撰《汤珂志》。
十月六日	摄镇府士曹参军试太常寺协律郎刘师易正书王成则《李守宏夫人王氏志》。

十月十三日	河南府登封县主簿崔膺正书崔晔《崔行规暨夫人郑氏志》。韩师复篆盖并刻字。（失盖。）
十月廿四日	朝议郎守河南府河南县尉柱国崔镮正书薛途《李涿志》。
十月廿五日	乡贡进士徐光言正书《徐不器墓记》。孙璋刻字。
十一月八日	中散大夫前左金吾卫长史兼监察御史崔筠正书并篆盖刘瞻《刘遵礼志》。（失盖。）镌玉册官邵建初刻字。
十一月八日	朝散大夫行左监门率府长史牛秀璟行书并篆盖萧遇《萧行群志》。玉册官陈从谏刻字。
十一月八日	盐铁巡官将仕郎监察御史里行郑颀正书所撰《卢夫人志》。
十一月廿五日	乡贡进士李崇正书并篆盖夏侯藻《如夫人邓氏志》。篆盖"南阳邓氏夫人墓志铭"三行九字。
十二月一日	试左金□卫长史□□□佶正书方蟾《樊仲文志》。
十二月七日	乡贡进士郑珪正书李景庄《郑鲂暨夫人卢氏志》。篆盖"唐故仓部郎中郑公夫人卢氏合祔墓志"四行十六字。
闰十二月一日	刘诚正书刘昇《刘略志》。楷盖"唐故河间刘公墓志铭"三行九字。
是岁	前左威卫兵曹参军李昌辞书罗洙《冯靖志》。（陈思《宝刻丛编》卷七引《集古录目》,待访。）

是岁	潘玄景正书并篆额沈云翔《张淮澄志》。 （失盖。）

咸通十年（869）

二月	柳仲年正书郑言《王承业志》。
四月十日	宣议部前行杭州余杭县尉韦承素正书李罕 《李又玄志》。楷盖"唐故陇西李府君墓志" 三行九字。
四月十日	宣议郎前行杭州余杭县尉韦承素正书李罕 《李又玄志》。楷盖"唐故陇西李府君墓铭" 三行九字。
四月十六日	赵用光正书刘言《郭元德志》。
五月三日	乡贡进士赵俛正书卢裔龟《卢子献志》。
七月廿日	朝议郎使持节池州诸军事守池州刺史颜标 正书所撰《颜标夫人路氏（自在心）志》。
七月廿八日	张玄晖正书崔膺《崔揆侧室樊氏志》。（记作 "翰写膺言"。）
七月三十日	前黔府经略推官朝请郎试大理评事杨勍正 书所撰《魏公夫人韦氏志》。
八月十七日	处士孟逊正书并篆盖杨轩《魏孝本志》。（失 盖。）中书省镌玉册官强存审刻字。
八月十七日	乡贡进士江鲁珪正书吕洵美《崔弘易志》。 篆盖"大唐故崔府君墓志铭"三行九字。
八月廿四日	登仕郎前郑州司法参军郑宣远正书李近仁 《卢从度志》。
八月	将仕郎守左龙将军兵曹参军庾愃正书庾慎 思《张氏志》。篆盖"唐前秘书郎庾慎思亡

母吴郡张氏墓志"四行十六字。

十月十日　　　　朝议郎使持节池州诸军事守池州刺史颜标正书所撰《夫人路氏志》。

十二月一日　　　朝议郎守国子春秋博士刘道贯正书郑愚《李行素志》。

十二月七日　　　李绍休书王木造《李梲志》。（吴钢《全唐文补遗》第五辑，待访。）

咸通十一年(870)

二月二日　　　　乡贡进士卢田正书李仁伟《卢宗和夫人李氏志》。

二月二日　　　　进士郑武当正书郑缊辞《郑缊辞夫人薛氏志》。

二月廿七日　　　前处州军事衙推将仕郎试太常寺太祝杨玄正书所撰《孙君夫人梁氏志》。

五月三日　　　　从事柱史源匡秀正书所撰《沈子柔志》。

五月三日　　　　乡贡进士赵俛正书卢裔龟《卢氏小娘子志》。楷盖"范阳卢氏小娘子墓志"三行九字。

五月三日　　　　郑县尉郭弘裕正书姚瓒《郭行俦志》。楷盖"唐故太原郭府君墓铭"三行九字。

五月十五日　　　朝散郎守右司御率府胄曹参军翰林待诏毛知微行书翰林待诏将仕郎守池州秋浦县主簿那希言篆盖崔驯《陈克敬夫人杨氏志》。篆盖"唐故杨氏夫人墓志铭"三行九字。刘玮刻字。

五月廿一日　　　乡贡进士赵俛正书卢裔龟《李氏志》。

五月廿七日	崔渭孙正书崔绍孙《徐玉京志》。
七月廿七日	处士康道纪书李振《边诫夫人杨氏志》。（吴钢《全唐文补遗》第六辑，待访。）
八月十六日	乡贡进士段温正书篆盖所撰《郑俫志》。（失盖。）
八月廿二日	乡贡进士孙纲正书所篆盖孙徽《孙景裕志》。（失盖。）
八月	刘虔古正书并篆额宋程《宋戎志》。
八月	孙储正书孙珵《孙备志》。
十一月廿二日	乡贡进士李玄通正书郝乘《魏望先志》。
十一月廿四日	将仕郎前守泾州平谅县令王南薰正书并篆盖所撰《荆从皋志》。篆盖"唐沧州节度荆公墓铭"三行九字。强颖刻字。
十一月廿四日	太仆寺丞樊骃正书庾崇《樊骧志》。
十一月廿四日	孙延之正书杨鉾《孙师从志》。篆盖"唐故乐安孙府君墓志"三行九字。
十一月廿八日	华州郑县尉郭弘裕正书姚瓒《郭行俦志》。楷盖"唐故太原郭府君墓志"三行九字。
十二月五日	乡贡进士崔赡正书所撰《李潘夫人崔氏志》。
是岁	乡贡进士李涢正书李津《李澳志》。胡濬篆额。力行刚刻字。

咸通十二年（871）

正月十四日	杨坦正书所撰《杨君暨夫人乌氏志》。
正月十四日	前夏州节度押衙检校国子祭酒兼察御史张甫正书薛休复《贾叔方志》。篆盖"大唐故

贾府君墓志铭"三行九字。朱弼刻字。

正月廿五日	翰林待诏朝议郎守池州司仓参军张元龟奉敕正书薛调《王氏志》。翰林待诏朝散大夫守殿中省尚衣奉御董咸奉敕篆盖。篆盖"大唐□韩国夫人王氏赠德妃墓志之铭"四行十六字。中书省镌玉册官邵建初刻字。
四月九日	乡贡进士石衍正书所撰《梁承政志》。
四月九日	乡贡进士石衍正书所撰《梁公志》。
五月廿七日	乡贡进士杨安期正书所撰《杨管管志》。
五月廿七日	承务郎守怀王府参军卢宾正书所撰《炼师仇瀛州志》。
六月七日	处士王乂正书并篆盖冯谦《狄君夫人骆氏志》。篆盖"大唐故骆夫人墓志铭"三行九字。将仕郎试左武卫兵曹参军邵宗刻字。
八月十一日	虞乡县尉李陲正书李隐《李璩暨夫人杜氏志》。
八月十六日	延历观道士孙励楚正书牛弘度《曹用之志》。篆盖"唐故玄济先生玄堂铭"三行九字。
闰八月十三日	采思伦正书郎萧《甘泉院晓方禅师灵塔记》。
十月七日	书吏王滋正书卢震《卢轺志》,韦从敏刻字。
十月八日	乡贡进士李方著正书所撰《程进瑓夫人梁氏志》。
十月十三日	乡贡进士胡蒙正书所撰《靳廓志》。李从刻字。
十月廿四日	太常寺奉礼郎宋知微正书李钦说《李钦说

夫人赵氏志》。篆盖"唐故天水赵夫人墓铭"三行九字。

十一月十日　乡贡进士杨璠正书并篆盖所撰《张叔遵志》。(失盖。)

十一月十二日　前度支供军巡官试协律郎徐琪正书王鉎《樊骊志》。

十一月廿四日　贺昭正书李庄《李悬黎志》。

十二月五日　前淮南观察支使将仕郎试太常寺协律郎孙饶正书孙杲《孙泳志》。

十二月五日　朝散大夫守河南县令李涪正书李都《孙镗暨夫人李氏志》(李就撰盖阴李氏传)。盖"唐故御史中丞汀州刺史乐安孙公墓志"四行十六字。(盖阴廿行三百八十字。)

十二月十三日　乡贡进士苗义符正书所撰《苗景符墓中哀词》。楷盖"唐秀士上党苗君墓志"三行九字。

十二月廿六日　将仕郎前守密州高密县令宋辉正书所撰《李遂武志》。

咸通十三年(872)

八月十六日　道士孙励楚书牛弘真《曹用之玄堂铭》。(吴钢《全唐文补遗》第七辑,待访。)

□月二日　处士曹权正书崔希道《李氏志》。玉册官强存审刻字并篆盖。(失盖。)

是岁　毛知微书僧灵徹《千佛寺无相法师护珠塔铭》。(陈思《宝刻丛编》卷八引《京兆金石录》,待访。)

咸通十四年（873）

二月七日	朝议郎行詹事府丞郭弘畅正书何肇《郭克全志》。邵易刻字。
二月十四日	朝散大夫前太子左庶子卢回正书所撰《李元嗣志》。
二月廿日	进士杨挺书杨摧《杨慧志》。（周绍良《唐代墓志汇编》,待访。）
二月廿五日	乡贡进士孙岩正书孙纬《孙虬夫人裴氏志》。
二月廿五日	乡贡进士陶栖远正书所撰《陈庶元志》。
五月十五日	银青光禄大夫检校国子祭酒前青州司马兼侍御史上柱国崔筼正书韦蟾《刘中礼志》。篆盖"唐故彭城刘公墓志铭"三行九字。玉册官邵建初刻字。
八月廿八日	乡贡进士顾绍孙正书贾涉《贾洮志》。文林郎守江陵府石首县尉陈利物篆盖。（失盖。）尹仲傪刻字。
十月七日	书史王滋正书卢震《卢轺暨夫人郑氏志》。韦从敏刻字。
十月廿四日	宣义郎守国子监主簿分司东都崔膺正书所撰《崔洧夫人张紫虚志》。韩敬密刻字。

咸通十五年（874）

正月四日	讲论赐紫沙门令真正书僧澈《启送岐阳真身志文》。

二月八日	前河南府副将朝议郎试左武卫长史杜濛正书张册《毕颢志》。正书盖"大唐故毕公墓志铭记"三行九字。
三月	镇海军节度掌节记将仕郎殿中待御史内供奉郑仁表正书所撰《孔纤志》。
四月十五日	骆章正书吴应《王归厚志》。篆盖"大唐故王府君墓志铭"三行九字。邵宗祐刻字。
四月廿一日	朝议郎前守河南少尹卢荛正书所撰《卢知宗暨夫人郑氏志》。韦敏刻字。
五月十日	吏部总判郭硕正书朝散郎朝议大夫上柱国吏部选清秦纪正书并篆盖所撰《郭翰志》。（失盖。）
七月廿二日	韦行素正书李宗衡《韦君妻郑氏志》。楷盖"唐故荥阳县君郑夫人墓志铭"四行十二字。
十月十八日	前徐宿等州观察支使试弘文馆校书郎崔谯正书郑略《苗志》。
十月十八日	翰林待诏朝议郎行仆寺主薄赵蔼正书翰林待诏将仕郎守洋州司马那希言篆盖鱼孟勘《杨景球志》。（失盖。）
十月廿一日	乡贡进士裴棨正书李罕《李又玄夫人邵氏志》。楷盖"唐故安阳郡夫人志铭"三行九字。
十月廿一日	裴棨正书李罕《李又玄夫人邵氏志》。楷盖"唐故安阳邵夫人志铭"三行九字。
十月廿四日	朝仪郎前守京兆府奉元县令郑虞正书郑逸《郑夫人卢氏志》。河中府承乐县尉韦玕

篆盖。（失盖。）

十月廿九日	孙二哥儿正书李楷重《李审规志》。
十月廿九日	将仕郎前守左拾遗杜致美正书并篆盖崔晔《崔芸卿志》。篆盖"唐故清河崔府君墓铭"三行九字。
十二月廿六日	前京兆府渭□□□集贤校理孙纾正书令狐绹《孙简暨夫人武氏、继夫人李宗衡志》。

咸通□年

| 八月一日 | 节度推官宣德郎殿中侍御史吴藩书卢告《何弘敬志》。（吴钢《全唐文补遗》第五辑，待访。） |

咸通□年

| 十月廿五日
（六年后） | 乡贡进士令狐洵正书并篆额令狐□《令狐纬志》。（失盖。） |

乾符元年（874）

| 十一月廿七日 | 乡贡进士赵轸正书李澹《赵璜夫人苏嗣君志》。 |
| 七月廿二日 | 李行素正书李宗衡撰《韦君妻郑氏志》。楷盖"唐故荥阳县君郑夫人墓志铭"四行十二字。 |

乾符二年（875）

| 四月九日 | 乡贡进士孙绾正书孙緑《孙绚志》。 |
| 五月十四日 | 蔡州龙陂监将巡官朝议郎前行滑州参军李 |

冠章正书李郸《李夫人刘氏志》。

七月廿二日	将仕郎守内侍省内府局令员外置同正员王廷赞正书王陟《马公度夫人王氏志》。（篆盖文字已漶不全。）中书省镌玉册官宣郎校尉前鄜州五交府折冲上骑都尉邵建初刻字。
八月	刘从周正书所撰《刘定师志》。
十月十二日	孟表微正书并篆盖孟启《萧威志》。篆盖"唐故兰陵郡君萧氏墓之志铭"四行十二字。
十月廿四日	朝散郎朝议大夫吏部选郭清秦正书篆盖所撰《郭奕冲暨夫人张氏志》。（失盖。）
十一月五日	夏廷珪正书并篆盖谢珉《郭宣志》。篆盖"大唐故郭府君墓志铭"三行九字。李厚刻字。
十一月廿三日	衙前虞侯杨遵正书颜钦《安玄郎志》。散将洗亚刻字。

乾符三年（876）

二月十八日	宣义郎行右司御率府录事参军分司东都崔阅正书所撰《崔璘志》。韩敬密刻字。
二月廿四日	翰林待诏朝散郎守庐州长史上柱国赐绯鱼袋毛知仪书毛璧《曹延美志》。（吴钢《全唐文补遗》第七辑,待访。）
二月廿四日	文林郎前苏州常熟县尉郑翱正书崔钜《崔镇志》。楷盖"大唐故比部郎中博陵崔府君墓志之铭"四行十六字。
四月二十日	陆辩之正书所撰《卢成德志》。

五月廿日	李藻正书处士吕玄篆盖李当《李当夫人卢钵志》。篆盖"唐故范阻郡夫人卢氏墓志铭"四行十二字。
五月廿六日	杨辛郎正书杨标《杨君夫人左氏志》。
八月十六日	前义昌军节度副度检校秘书省著作郎兼侍御史杨知言正书杨知退《杨知退夫人卢氏志》。
八月廿六日	乡贡进士独孤潭正书篆盖所撰《韩处章志》。篆盖"唐故颍川韩公墓志铭"三行九字。孟克刻字。
八月廿八日	右羽林军录事参军郭韬正书郑濬《郭夫人裴氏志》。
九月十日	山南东道节度判官将仕郎殿中侍御史内供奉杨篆正书杨知退《杨思立志》。
九月廿日	姚细正书孙溶《赵虔章志》。
十月三十日	翰林待诏朝请郎前行少府监丞上柱国赐绯鱼袋郭弘范奉敕行书翰林待诏朝议郎守左司御府兵曹参军上柱国董璜奉敕篆盖徐仁嗣《昭王(李汭)志》。（失盖。）
十一月十七日	前义成军节度副使朝议郎检校尚书户部郎中兼御史中丞崔锴正书所撰《李推贤志》。
十一月廿三日	将仕郎守殿中侍御史归仁绍正书所撰《归仁晦志》。
十一月廿九日	朝议郎试太子中舍人李慕谦行书并篆盖宗昌邺《吴全缋志》。潘骈刻字。（篆盖文字已泐不全。）
十一月廿九日	乡贡进士董璿正书所撰《王幼虞志》。

十一月廿九日	乡贡进士崔隐正书崔彦昭《郑太素志》。
十二月七日	刘漪正书庾道蓍《于德孙志》。篆盖"唐故赠太子太师于公之墓铭"四行十二字。
是岁	武宁军书记王戬正书所撰《王戬夫人李氏志》。

乾符四年(877)

正月廿二日	朝请郎前行襄州义清县主簿郭象正书韦弘矩《郭缪志》。篆盖"唐太原郭府君墓志铭"三行九字。
正月廿二日	朝仪郎前行襄州义清县主簿郭琼正书李弘矩《郭刚美志》。
四月二日	刘峻正书崔钛《崔璘墓改卜记》。
四月二日	朝议郎前行襄州义清县主簿郭琼正书韦孝立《郭刚美夫人韦珏志》。
四月二日	乡贡进士崔隐正书崔彦昭《崔岂夫人郑太素志》。
四月十四日	翰林待诏朝议郎前守光州光山县主簿牛德殷奉敕行书箫遘《康王李汶志》。翰林待诏朝议郎守殿中省尚舍奉御柱国赐紫金鱼袋那希言篆盖。盖尧刻字。
四月十四日	翰林待诏朝议郎前守光州光山县主簿牛德殷奉敕正书裴澈《广王滩志》。翰林待诏朝议郎守殿中省尚书奉御那希言奉敕篆盖。盖尧刻字。(失盖。)
四月十四日	李颙正书所撰《李颙夫人张氏志》。隶盖"唐清河张氏夫人墓铭"三行九字。

151

七月廿一日	翰林待诏朝议郎守殿中省尚辇奉御王谦逢奉敕行书崔庾《李行莘志》。翰林待诏朝议郎守左司御率府仓曹参军董璘奉敕篆盖。（失盖。）
八月廿八日	奉义郎行河南府永宁县尉李陲正书并隶书盖所撰《崔滂夫人李愍志》。隶盖"大唐故李夫人墓志铭"三行九字。
十月三日	福昌县尉苗弇正书所撰《苗君夫人刘氏志》。
十月十七日	将仕郎试大常寺奉礼郎杨玢正书杨咸《李雅志》。刘赡刻字。
十月廿四日	郑惜正书韦黯《郑逢志》。楷盖"大唐故郑府君墓志铭"三行九字。
十一月廿三日	乡贡进士崔连孙正书崔兢《崔绍志》。韦从实、韦从敏刻字。

乾符五年（878）

正月六日	进士崔晔正书所撰《李道因志》。
六月十八日	进士薛奉珪正书并篆盖薛正嗣《薛君夫人赵素真志》。篆盖"唐故天水赵君墓志铭"三行九字。
七月九日	韦颢奉处分正书《韦珣志》。
八月廿七日	田知退正书贾骙《田知古志》。鲁元弼刻字。
十月廿三日	处士王厚德篆盖赵均《韩绶志》。（失盖。）韩师复刻字。
十月廿八日	文林郎前京兆府兵曹参军杨检正书所撰

《杨芸志》。

| 十一月六日 | 朝议郎前行京兆府功曹参军李堪正书所撰《韦夫人李珪志》。篆盖"唐故陇西李氏夫人墓志铭"四行十一字。 |

十一月六日　朝议郎前行京兆府功曹参军李堪正书所撰《韦夫人李珪志》。篆盖"唐故陇西李氏夫人墓志铭"四行十一字。

十一月十一日　乡贡进士唐徽正书所撰《韦夫人周氏志》。篆盖"唐故韦公夫人汝南周氏墓志"四行十二字。

十二月十九日　乡贡进士薛岳正书韦蟾《薛崇志》。篆盖"唐故郓州节度使赠吏部尚书薛公墓铭"四行十六字。

是岁　王绎书令狐绹《萧俶志》。（陈思《宝刻丛编》卷八引《京兆金石录》,待访。）

乾符六年（879）

二月廿四日　乡贡进士王□正书所撰《耿庸暨夫人王氏志》。

二月廿四日　乡贡三进寇贻范正书所撰《郭夫人庞氏志》。篆盖"大唐故庞夫人墓志铭"三行九字。

八月十五日　前义成军节度推官监察御史里行崔述正书并篆盖源蔚《卢槃志》。（失盖。）

八月十五日　馆驿巡官将仕郎试太常寺奉礼郎程询古行书篆盖卢中《周夫人崔氏志》。篆盖"唐故博陵郡夫人崔氏墓志铭"四行十二字。中书省玉册官尹仲修刻字。

八月十五日　乡贡学究□□正书崔镛《张彦敏志》。篆盖"唐故赠内常侍清河张公墓志"四行十二字。玉册官邵宗简刻字。

八月廿七日　翰林待诏朝议郎行虔州雩都县主簿姜仁表奉敕行书裴澈《李伭志》。翰林待诏朝议郎守都水监丞董璥奉敕篆盖"大唐□凉王墓志之铭"三行九字。

八月廿七日　朝议郎试太常寺协律郎焦渍正书所撰《高君夫人陈氏志》。强审刻字。

八月廿七日　前摄濠州长史银青光禄大夫检校太子宾客兼待御史叶愿正书并篆盖戴昭《王季初志》。（失盖。）

八月廿七日　李彬之正书李烛《卢重夫人李氏志》。隶盖"范阳卢君夫人墓志铭"三行九字。

八月廿七日　李彬之正书李烛《卢夫人李氏志》。隶盖"范阳卢君夫人墓志铭"三行九字。

九月廿七日　柳谂正书尚逢《王询志》。

闰十月十六日　监察御史黯正书李矩《李裔志》。

十一月五日　乡贡五经范骧正书冯黔《成瑶志》。篆盖"唐故成公府君墓志铭"三行九字。

十一月五日　乡贡进士裴辂正书萧振《裴宗偓志》。

十一月十一日　前天德监军使内常侍刘长彝正书王晦《刘从兆志》。篆盖"唐故内侍刘公墓志铭"三行九字。朱可复刻字。

十二月廿四日　乡贡进士正书所撰《刘昭志》。篆盖"大唐故刘府君墓志铭"三行九字。

乾符□年

十一月廿一日　乡贡进士郭□正书李毅《金堂长公主志》。

154

楷盖"唐故金堂长公主赠凉国大长公主墓志铭并序"五行十九字。赵从遇刻字。

广明元年（880）

正月十六日　　守刑部尚书孔晦正书所撰《韦承素志》。

二月一日　　　守楚州盱眙县丞戴充符正书杜朋《陈讽志》。尹钛刻字。

二月十二日　　将仕郎前守楚州盱眙县丞戴充符正书杜朋《陈讽志》。篆盖"大唐故陈府君墓志铭"三行九字。玉册官尹钛刻字。

四月十四日　　乡贡进士张奥正书崔趁年《段文楚志》。篆盖"唐故大同军使段府君墓志铭"三行十二字。

四月廿日　　　卫虔岫正书并篆盖白岩《卫巨论志》。篆盖"故河东卫府右（君）墓志铭"三行九字。玉册官刘赡刻字。

十月五日　　　张溥正书蔡德章《张师儒志》。

十月十四日　　前天雄军节度使判官检校国子博士侍御史薛缥正书所撰《柳延宗志》。

十月廿日　　　朝请大夫前守常州刺史孙徽正书并篆额所撰《孙幼实志》。（失盖。）

十月廿日　　　前义昌军节度押衙兼监察御史何铉正书并篆盖赵邺《成夫人康氏志》。篆盖"唐故会稽县君康氏夫人墓铭"四行十二字。玉册官尹钛刻字。

广明二年（881）

二月廿七日　　　摄安州安次县丞王正安正书卢希逸《耿宗倚志》。

十一月八日　　　前摄仓州司兵参军祖从白正书徐胶《祖君夫人杨氏志》。

是岁　　　　　　陵州刺史刘权书所撰《刘表志》。（《宝刻类编》卷六，待访。）

中和元年（881）

十一月八日　　　祖从白正书徐胶《祖君夫人杨氏志》。

是岁　　　　　　萧璹行书所撰《萧泽志》。

中和二年（882）

二月十二日　　　前摄涿州参军试左监门卫兵曹参军乐藏浈行书李缊《乐邦穗志》。杨元会刻字。

十二月廿二日　　李係正书李内恭《李柠暨夫人卢氏志》。篆盖"唐故陇西李公范阳卢氏夫人合葬墓志"四行十六字。

中和四年（884）

三月廿一日　　　将仕郎前守河南府参军卢膺正书所撰《卢岳志》。

五月　　　　　　张元逸书并篆额所撰《报恩寺弘宪大师塔铭》。（陈思《宝刻丛编》卷十四引《复斋碑录》，待访。）

中和五年（885）

是岁　　　　　　嗣昭书侯曾羽《监坛大德元著和尚塔铭》。
　　　　　　　　（《宝刻类编》卷六，待访。）

光启三年（887）

九月九日　　　　杨允中正书僧蕴让《资圣寺宣和尚塔铭》。
　　　　　　　　陈汉温隶额。

文德元年（888）

五月壬寅　　　　节度□使官刘绍东行书郑隼《刘钤志》。
十月十三日　　　将仕郎□行房州房陵县丞范保龟行书所撰
　　　　　　　　《孙忠晟暨夫人王氏志》。李彦容刻字。
十一月九日　　　前节度驱使官辛居受正书张钤《卢君夫
　　　　　　　　人赵氏志》。篆盖"赵夫人墓志铭"三行
　　　　　　　　六字。

龙纪元年（889）

七月廿五日　　　将仕郎守右拾遗席棁正书徐彦若《张读
　　　　　　　　志》。

大顺二年（891）

二月十七日　　　朝散大夫守光禄少卿李贻厚正书所撰《杨
　　　　　　　　夫人李氏志》。李彦容刻字。

景福元年（892）

十月廿三日	登封都判官检校国子祭酒兼御史中丞孟遵古正书马辞《刘氏志》。丁邯篆盖。（失盖。）玉册官左神策军衙前虞侯陈彦铢刻字。
十二月廿日	孙珣正书所撰《孙珣夫人张氏志》。

景福二年（893）

八月十四日	胡兆祉正书黄璞《陈岩志》。

乾宁元年（894）

卯月廿二日	前国子明经邵期正书所撰《王时桝夫人张氏志》。

乾宁二年（895）

十一月廿日	翰林待诏朝散大夫检校右散骑常侍守蜀□傅□御史大夫阎湘正书裴庭裕《吴承泌志》。翰林待诏正议大夫检校左散骑常侍□□□御史大夫董瓛篆盖。

乾宁三年（896）

四月廿一日	朝议郎前遂州蓬□县令郭延范行书李湘《郭保嗣志》。篆盖"大唐故郭府君墓志铭"三行九字。
八月十八日	将仕郎前国子大学博士崔腾正书并篆盖狄

	归昌《崔凝志》。篆盖"故博陵崔府君墓志铭"三行九字。王绪、王安刻字。
十一月十四日	给事郎守河南府兵曹参军陈祥正书所撰《张测志》。篆盖"唐清河张府君之墓志"三行九字。
十二月十五日	崔腾正书所撰《崔洁志》。

乾宁五年(898)

八月五日	将仕郎前守监守御史郑骞正书并篆盖崔就《崔安潜志》。
八月六日	朝散大夫国子周易博士崔德雍正书李冉《崔曦暨夫人郑氏志》。楷盖"唐故右拾遗崔君与郑氏夫人合祔墓铭"四行十六字。

光化二年(899)

正月廿日	承奉郎行内侍省内府局令员外置同正员周弘济正书李应坤《李令崇志》。
十一月廿五日	同节度副使(充)孔目官娄潜正书卢翃《娄筠暨夫人刘氏志》。楷盖"大唐谯郡娄府君夫人彭城刘氏墓志"五行十五字。
是岁	高骘书卢光济《舍真和尚舍利塔碑》。(《宝刻类编》卷六,待访。)

光化三年(900)

二月十四日	将仕郎前守右拾遗夏侯暎正书孙渥《孙渥夫人郑氏志》。

光化四年（901）

是岁   阎从勋正书李应坤《李允存志》。

天复四年（904）

正月   于景休正书所撰《胡应夫人张氏志》。

四月七日   朝散大夫前守卫尉少卿裴钦正书裴格《裴谣志》。

天祐四年（907）

十一月七日 儒林郎前守郑州中牟县主簿崔延美正书王权《崔詹志》。

天祐六年（909）

二月十八日 王道源隶书卢汝弼《李克用志》。篆盖"晋王李克用墓志之铭"三行九字。

五代

开平三年（909）

八月四日　　　　将仕郎前守大理评事沈廷威正书裴殷裕
　　　　　　　　《郑璩志》。

九月廿二日　　　尚虔煦正书并篆盖盛延玉《高继蟾志》。篆
　　　　　　　　盖"梁故渤海高公墓志铭"三行九字。玉册
　　　　　　　　院李廷珪刻字。

开平四年（910）

九月四日　　　　孔目官前左骁卫长史李昭远正书胡裳吉
　　　　　　　　《石彦辞志》。朝议郎尚书驾部员外郎判度
　　　　　　　　支案石戬篆盖。篆盖"唐故武威石公墓志
　　　　　　　　铭"三行九字。镌玉册官李延辉刻字。

天祐九年（912）

十二月廿□日　　□部郎中御史中丞任□正书卢质《王镕
　　　　　　　　志》。

天祐□年

是岁　　　　　　翰林待诏王正已正书张颂《苻君夫人张氏
　　　　　　　　志》。

乾化三年（913）

十月二日　　　　　朝议郎前守陈州南顿县令颜子逢正书任业
　　　　　　　　　《韩恭夫人李氏志》。

乾化五年（915）

三月　　　　　　　王温正书《惠光舍利塔铭》。沈璠刻字。

贞明二年（916）

二月十七日　　　　张纬正书任光嗣《张濛志》。李仁玮刻字。

七月廿三日　　　　银青光禄大夫检校左散骑常侍右武卫将军
　　　　　　　　　同正兼御史大夫符季澄正书崔希举《魏王
　　　　　　　　　夫人姜氏志》。朝散大夫检校尚书工部员
　　　　　　　　　外郎前河南府寿安县令王郁篆盖"梁故天
　　　　　　　　　水郡夫人墓志"三行九字。贾玘刻字。

天汉元年（917）

五月　　　　　　　乡贡进士刘赞正书所撰《王夫人李氏志》。

贞明四年（918）

九月十四日　　　　朝散大夫前陕州大都督府左司马李峃正书
　　　　　　　　　崔梲《崔君夫人郑琪志》。

贞明五年（919）

四月廿八日　　　　将仕郎前守光禄寺主薄谢贻谋正书卢藩

《李光嗣志》。

是岁　　　　　朝议郎前守陈州南顿县令颜铢正书所撰《张珍志》。篆盖"梁故清河张君墓志铭"三行九字。

贞明六年（920）

十二月十三日　　将仕郎前守河南府福昌县主簿吴仲举正书并篆盖伏琛《储德充志》。（失盖。）（吴钢《全唐文补遗》第七辑，待访。）

贞明七年（921）

一月廿二日　　忠义军随使押衙充内副知客周延英正书裴彬《秦君志》。

龙德元年（921）

十一月廿一日　　朝议郎前吉州司马柱国吴澄正书并篆盖所撰《雷景从志》。篆盖"梁赠太傅雷公墓志铭"三行九字。

天祐十九年（922）

十二月廿□日　　□部郎中兼御史中丞任□正书并篆盖卢质《王镕志》。（失盖。）

龙德三年（923）

八月一日　　　前青州博昌县令萧处谦正书萧蘧《萧符志》。

乾德五年（923）

是岁　　　　检校左散骑常侍前涪州司马徐远书严居贞《晋晖志》。盖"大蜀前武泰军节度使赠太师弘农王赐谥献武管公墓志"二十三字。

（周阿根《五代墓志汇考》五三，待访。）

同光二年（924）

三月四日　　　将仕郎前守河南府文学王佚正书并篆盖翁承赞《王审知志》。篆盖"唐故武威军节度使守中书令闽王墓志"四行十六字。节度衙前虞侯林欢刻字。

十一月廿六日　持念大德左继真正书张枢《左环志》。篆盖"故丹阳郡左公墓志铭"三行九字。韩重刻字。

十二月十二日　福建管内盐铁发运副使新授太中大夫守右谏议大夫上柱国赐紫金鱼袋翁承赞正书并篆盖所撰《王审知夫人任氏志内明志》。篆盖"梁魏国尚贤夫人墓志铭"三行十字。

同光三年（925）

正月廿二日　　将仕郎试秘书省校书郎曹光业正书崔匡《吴君夫人曹氏志》。

二月廿一日　　河南府随使押衙兼表奏孔目官银青光禄大夫检校国子祭酒兼御史大夫赵荣正书唐鸿《张继业》志。左藏库副使朝散大夫守太府少卿王郁篆盖"唐故河阳节度观察留后清河公墓志铭"四行十六字。

同光四年（926）

三月十六日　　僧钦缘正书僧虚受《少林寺法华钧大德塔钧铭》。

天成元年（926）

七月十四日　　左街内德令俨正书并篆盖房瀹《康赞羡志》。（失盖。）贾频刻字。

天成二年（927）

二月十五日　　乡贡进士孙昼正书王骞《孙拙志》。楷盖"唐故尚书工部侍郎孙公墓志"三行十二字。

天成三年（928）

八月十日　　　前静江军监军使正议大夫行左监门卫上将军上柱国崔若拙正书并篆盖杨希俭《张居翰志》。篆盖"大唐故内枢密使清河郡张公墓志铭"四行十五字。安敬实刻字。

十一月十三日　右御内殿文章应制归真赐大师匡习正书所撰《王言夫人张氏志》。

天成四年（929）

十月十八日　　前国子监明经王汭正书王豹《西方邺志》。

修镇国桥都料阎斌刻字。

天成五年（930）

正月廿九日　　　乡贡进士李光纬正书李德休《崔协志》。

长兴元年（930）

正月廿九日　　　乡贡进士李光纬正书李德林《崔协志》。

七月廿一日　　　将仕郎守河南府文字王俶正书并篆额郑士昌撰《刘华墓志》。篆盖"唐故燕国明惠夫人彭城刘氏墓志"四行十四字。武威节度使衙首虞侯林欢刻字。

七月廿一日　　　承仪郎检校尚书水部郎中王俶正书并篆额郑昌士撰《燕国明惠夫人彭城刘氏志》。武威军节度衙前虞侯林欢刻字。

十一月七日　　　将仕郎试秘书省校书郎王动己正书刘羽《毛璋志》。董知荣刻字。

长兴三年（932）

正月三日　　　　文林郎前守郑州原武县主簿李光愿正书并篆盖杨凝式《李德休志》"大唐故李府君墓志铭"三行九字。

十月廿四日　　　将仕郎前守秘书省秘书郎令狐峤奉命书崔善《福庆长公主志》。盖"大唐福庆长公主墓志"三行九字。节度随军陈德超刻字。

（周阿根《五代墓志汇考》八七，待访。）

长兴四年（933）

八月十日	将仕郎守太常寺奉礼郎叶峣正书张师古《毛璋夫人李氏志》。玉册院镌字官韩重刻字。
八月廿八日	门吏摄左金吾卫长史徐守素正书申光逊《张继达志》。篆盖"唐故清河郡张公墓志"三行九字。
十一月十八日	前摄河南府长水县主簿将仕郎试秘书省校书郎李鸾正书所撰《王禹志》。篆盖"唐琅琊王府君墓志铭"三行九字。

应顺元年（934）

五月廿日	前耀州司马张知远正书韦咸贞《顾德升志》。

清泰元年（934）

十二月十九日	翰林待诏朝散大夫行太府寺丞权令珦奉敕正书李慎仪《李重吉志》。篆盖"唐故陇西李公墓志铭"三行九字。

清泰三年（936）

二月七日	将仕郎前守安州应山县令杨弘正正书和凝《戴思远志》。盖"唐故谯郡戴公墓志铭"三行九字。
二月十三日	前河阳随使押衙检校国子祭酒兼监察御史

郭兴正书杨凝式《张李澄志》。前度支巡官张季鸢篆盖"唐故清和公墓志之铭"三行九字。

四月二日　　　将仕郎前守棣州渤海县主簿张璿正书申文炳《张珽志》。

九月四日　　　张郭僧正书李慎仪《张涤夫人高氏志》。篆盖"唐故渤海县太君高氏墓志铭"四行十二字。

明德四年（937）

三月八日　　　党茂先正书并篆盖刘曦度《崔有邻志》。篆盖"蜀故清河崔公墓志铭"三行九字。陈延昌刻字。

天福二年（937）

十月六日　　　朝请大夫行起居郎充史馆修撰殷鹏正书所撰《罗周敬志》。

十一月十二日　申文纬正书张沆《申鄂志》。楷盖"大晋故魏郡申公墓志"三行九字。

十一月十七日　前卫州军事衙推将仕郎试大理评事赵晋篆盖所撰《安万金志》。（失盖。）

十一月廿三日　杜同文正书所撰《杜光乂志》。

天福四年（939）

八月四日　　　乡贡进士郭逢吉正书康赞《郭洪铎志》。篆盖"故隰州刺史郭公志铭"三行九字。

十二月廿五日	将仕郎前守妫州录事参军刘珙正书杨凝式《张继升志》。韩延密、贾知远刻字。

天福五年（940）

二月十一日	前摄太常寺□□郎将仕郎试秘书省校书郎吉昌胤正书余淡《郭彦琼志》。
三月十八日	前摄弘文馆校书李□□行书李芝《梁瓌暨夫人王氏志》。
十二月廿九日	刘审赟正书封庭隐《封准志》。

天福六年（941）

十一月十六日	将仕郎试太常寺协律郎王鳞正书所撰《权君夫人崔氏志》。

天福七年（942）

九月九日	押衙杨从溥书牛渥《毛汶志》。盖"荥阳郡毛公墓志之铭"九字。娥景稠刻字。（吴钢《全唐文补遗》第八辑,待访。）
十月廿二日	前摄秦州清水县主簿将仕郎试太常寺协律郎任珪书所撰《任景述志》。盖"大唐故两河任公墓志"九字。（周阿根《五代墓志汇考》一二九,待访。）

光天元年（942）

九月廿一日	翰林学士承旨银青光禄大夫行尚书左丞知制诰卢应正书所撰《刘龚哀册》。

天福八年（943）

正月十六日　　前摄庆州军事押衙推将仕郎试大理评事丁拙正书所撰《张明志》。

七月十四日　　押衙杨从溥书牛渥《刘敬瑭志》。盖"彭城郡刘公墓志之铭"九字。娥景稠刻字。（周阿根《五代墓志汇考》一三七，待访。）

十月九日　　乡贡进士王梦奇正书并篆盖刘暭《梁汉颙志》。篆盖"晋故左威卫大将军赠太子太师安定郡梁公墓志"四行廿字。

开运二年（945）

十一月廿七日　　凤翔府功曹参军孟居业篆书崇远《李茂贞夫人刘氏志》。楷盖"晋故秦国贤德太夫人墓志铭"三行十二字。

开运三年（946）

七月十五日　　前少府□□将仕郎试秘书省校书郎楚光祚正书阎丕《马拯志》。董延明刻字。

开运□年

十二月廿二日　　尹昭远正书张德林《阎光度志》。

保大四年（946）

正十四日　　前宁国军节度讨击副使欧阳晖正书郑承远《王氏志》。

170

天福十二年（947）

十一月廿二日　　　乡贡三傅申鼎正书所撰《刘衡志》。篆盖"大晋故刘府君墓志铭"三行九字。

乾祐元年（948）

正月廿二日　　　　前摄左金吾行驾仗判官张光胤正书绖干德罩《庞令图志》。

四月廿三日　　　　郭枢正书郭玄《颜拱志》。

十月十六日　　　　□□□□ 朔府士曹参军郑□愿正书并篆盖所撰《郑君志》。

乾祐二年（949）

正月二日　　　　　将仕郎试秘书省正字崔虚己正书守澄《思道和尚塔铭》。

四月十二日　　　　前少府监丞楚銮正书张胤《张备志》。楷盖"汉故清河郡张公墓志"三行九字。

是岁　　　　　　　进士王鹏正书所撰《王建立夫人田氏志》。楷盖"汉故秦国太夫人墓志"三行九字。

乾祐三年（950）

八月十九日　　　　押衙充随使孔目官杨从溥正书刘梦符《李彝谨志》。刘敬万刻字。

广顺元年（951）

十月十四日　　　　前摄太常寺郊社署令常令颉正书刘仁济

《刘琪暨夫人杨氏志》。

广顺二年（952）

四月廿四日　　　节度押衙充随使孔目官杨从溥书郭峭《李彝谨志》。刘敬万刻字。（吴钢《全唐文补遗》第七辑，待访。）

十月十四日　　　前摄太常寺郊社署令常令凯正书刘仁济《刘琪暨夫人杨氏志》。

十月廿六日　　　登仕郎前守汝州军事判官尹克鹤行书并篆盖所撰《薄可扶志》。（失盖。）

显德元年（954）

四月廿九日　　　前泾原渭武等州观察巡官将仕郎试秘书省秘书郎王德成正书所撰《刘彦融志》。

显德二年（955）

九月七日　　　　前少府监丞将仕郎试秘书省校书郎楚光祚正书王玭《韩通夫人董氏志》。

九月廿八日　　　僧云霭正书僧藏莹《慈云寺僧普静舍身记》。

广政十八年（955）

十二月六日　　　前摄保胜军团练巡官将仕郎试秘书省秘书郎白守谦书并篆盖王乂《孙汉韶志》。篆盖"大蜀故守太傅乐安郡王曾太尉梁州牧赐忠简孙公内志"二十三字。謇弘信刻字。

（周阿根《五代墓志汇考》二一二，待访。）

显德三年（956）

七月十三日　　　　孔目官张绍节正书韩桂《袁彦进志》。

七月廿四日　　　　乡贡进士石惟忠正书萧士明《萧处仁志》。

显德五年（958）

九月廿二日　　　　军将李承义奉处分正书崔去非《索万进志》。

十月十一日　　　　军将高继升奉处分正书高粥《宋彦筠志》。

十月十七日　　　　镇国军节度使判官朝请大夫试大理司直兼殿中侍御史崔逊正书并篆盖所撰《赵莹志》。篆盖"唐赠太傅故中书令天水赵公墓志铭"四行十五字。

显德七年（960）

正月十四日　　　　朝议郎行左补阙充集贤殿修撰多逊正书所撰《卢价志》。篆盖"大周故范阳卢公墓志"三行九字。

天会元年（957）

是岁　　　　　　　乡贡进士刘替书所撰《王夫人李氏志》。（吴钢《全唐文补遗》第七辑，待访。）

天会八年（964）

四月廿四日　　　　前太子通事舍人朱仲武行书所撰《石暎

志》。

唐□年

二月癸卯　　　　齐孝□正书崔周桢《褚峰志》。

唐□年

白季随正书所撰《欧阳瑛夫人裴氏志》。

李虞仲书陶□《郭珣志》。（《宝刻类编》卷七，
待访。）

李颖书姚林《沈天纲志》。（《宝刻类编》卷七，
待访。）

□□节度随军前明经梁旷正书所撰《何叔
平夫人刘氏志》。

高师立正书并篆额麋简（一作"糜简"）《叶处士
志》。

唐□年

七月三十日　　　乡贡进士孙紫正书孙徽《孙说志》。孙徽篆
盖。（失盖。）

前婺州随军翟□正书乡贡进士澹庠篆盖澹
辚《卢君夫人澹氏志》。（失盖。）

崔景休正书郑仁规《崔权志》。楷盖"唐故
清河崖府君墓铭"三行九字。（崔权妻郑氏志在
咸通九年。）

王计正书孙揆《李君残志》。

后晋□年

八月廿二日   延州长兴延庆禅院僧惠进正书杨敏升《王君夫人关氏志》。

五代□年

十一月七日   儒林郎前守郑州中牟县主薄崔延美正书王权《崔詹志》。

附:隋唐五代署书人名碑刻录

开皇六年　至德四年(丙午　586)

正月　　　　　　　立丁道护正书李德林《兴国寺碑》。

开皇十年(庚戌　590)

是岁　　　　　　　建康立虞世南书薛道衡《平陈碑》。

仁寿二年(壬戌　602)

十二月十五日　　　立丁道护正书周彪《启法寺碑》。

大业二年(丙寅　606)

五月　　　　　　　越州立史陵正书《隋禹庙碑》。

大业九年(癸酉　613)

十二月　　　　　　定州立虞世南行书所撰《隆圣道场碑》。

武德九年(丙戌　626)

二月十三日　　　　鳌屋县立欧阳询奉敕隶书所撰《大唐宗圣观记》。陈叔达撰铭。

十二月廿九日　　　京兆新建孔庙,虞世南奉敕正书所撰《孔子庙堂碑》。

武德年间

　　立欧阳询隶书所撰《楚哀王李稚诠碑》。

贞观四年（庚寅　630）

三月十九日　　　欧阳询奉诏隶书虞世南《杜如晦碑》。

贞观五年（辛卯　631）

三月三日　　　　章丘立欧阳询隶书李百药《房彦廉碑》。

十一月十六日　　洛阳立欧阳询正书李百药《化度寺碑》。

贞观六年（壬辰　632）

四月　　　　　　麟游立欧阳询正书魏徵《醴泉铭》。

贞观八年（甲午　634）

十一月　　　　　咸阳立欧阳询正书《张崇碑》。

贞观十年（丙申　636）

十一月四日　　　昭陵立欧阳询隶书唐太宗《文德皇后碑》。

贞观十一年（丁酉　637）

十月二十二日　　昭陵立欧阳询正书岑文本《温彦博碑》，见
　　　　　　　　署检校子右庶子。

贞观十二年(戊戌 638)

是岁　　　　　耀州立王行满正书于志宁《窦良碑》。

贞观十五年(辛丑 641)

十一月　　　　伊阙立褚遂良正书岑文本《三龛碑》。

贞观十六年(壬寅 642)

五月四日　　　京兆至德观立褚遂良正书岑文本《孟法师碑》。

贞观十七年(癸卯 643)

正月　　　　　昭陵立唐太宗行书所撰《魏徵碑》。

贞观十八年(甲辰 644)

是岁　　　　　昭陵立诸葛思桢正书许敬宗《瑶台寺碑》。

贞观十九年(乙巳 645)

十月　　　　　昭陵立释智辨正书于志宁《姜确碑》。

　　　　　　　咸阳立褚遂良正书于志宁《独孤延寿碑》。

贞观二十一年(丁未 647)

七月　　　　　太原立唐太宗行书所撰《晋祠铭》。

贞观二十三年(己酉　649)

是岁　　　　　昭陵立褚遂良正书上官仪《裴艺碑》。

贞观年间

昭陵立殷仲容隶书《四降王名》。

永徽三年(壬子　652)

是岁　　　　　昭陵立褚遂良正书高宗《房玄龄碑》。

是岁　　　　　京兆立郭谦光隶书苏诜《尹惠碑》。

永徽四年(癸丑　653)

十二月十日　　京兆慈恩寺立褚遂良正书太宗序高宗记
　　　　　　　《圣教序并记》。万文韶刻字。

是岁　　　　　京兆立李玄植正书许敬宗《刘德威碑》。

永徽五年(甲寅　654)

五月十五日　　麟游立高宗行书所撰《万年宫铭》。

永徽六年(乙卯　655)

二月　　　　　昭陵立赵模正书许敬宗《高士廉茔兆记》,
　　　　　　　见署□□府录事参军事。

三月十四日　　三原立王行满正书于志宁《韩仲良碑》,见
　　　　　　　署门下录事。

永徽间

昭陵立苏敬正书法琳《张公谨碑》。

显庆元年(丙辰　656)

十月十八日　　昭陵立于立政正书于志宁《崔敦礼碑》,见
　　　　　　　署太常少卿。

是岁　　　　　京兆立王行满书许敬宗《石氏造浮图铭》。

显庆二年(丁巳　657)

十二月　　　　京兆招提寺立王行满行书太宗序高宗记
　　　　　　　《圣教序》,见署门下录事。

显庆三年(戊午　658)

四月九日　　　昭陵立于行满正书许敬宗《周护碑》,见署
　　　　　　　门下录事。

十月十二日　　入窆敬客正书上官灵芝《王公砖塔铭》。

显庆四年(己未　659)

八月十五日　　汜水立高宗行书所撰《唐纪功碑》。

十月廿九日　　昭陵立窦怀哲正书李义府《兰陵公主碑》,
　　　　　　　见署驸马都尉庆州刺史。

龙朔三年(癸亥　663)

十月十日　　　长安立欧阳通正书李俨《道因法师碑》,见

180

署兰台郎。

麟德元年（甲子　664）

正月廿八日　　　昭陵立高正臣正书李俨《杜君绰碑》，见署
　　　　　　　　殷王府□□□□□□□弘文馆。

十月　　　　　　昭陵立畅整正书李俨《清河公主碑》，见署
　　　　　　　　雍州长安县品子。

麟德二年（乙丑　665）

十月十一日　　　昭陵立畅整正书许敬宗《程知节碑》，见署
　　　　　　　　品子。

是岁　　　　　　京兆入窆畅整书灵瓒《忍辱阁黎塔铭》。

乾封元年（丙寅　666）

二月　　　　　　兖州立高宗行书所撰《登封纪号文》。

十一月廿八日　　昭陵立李玄植正书李安期《李孟常碑》，见
　　　　　　　　署太子文学弘文馆直学士□知馆事侍皇太
　　　　　　　　子书。

乾封二年（丁卯　667）

十一月十七日　　茅山立石王玄宗正书于敬之《华阳观王先
　　　　　　　　生碑》。

乾封三年　总章元年（戊辰　668）

是岁　　　　　　昭陵立殷仲容隶书李安期《武氏碑》，见署

前戎卫兵曹参军。

总章三年　咸亨元年（庚午　670）

正月	昭陵立王知敬正书许敬宗《尉迟宝琳碑》，见署膳部员外郎直弘文馆。
是岁	绛州立篆书《碧落碑》。

咸亨二年（辛未　671）

九月二十日	昭陵立普昌正书《张阿难碑》，见署瑶台寺僧。
十二月廿七日	昭陵立高正臣书许敬宗《燕氏碑》，见署冀王府属直右春坊侍皇太子书。

上元元年（甲戌　674）

十月	昭陵立殷仲容隶书许敬宗《马周碑》。

上元二年（乙亥　675）

八月十九日	偃师立高宗行书所撰《孝敬皇帝睿德碑》。

上元三年　仪凤元年（丙子　676）

四月廿五日	上元立高正臣行书高宗《明徵君碑》，见署朝议郎行左金吾卫长史侍相王书。王知敬篆额，见署朝散大夫守太子洗马。

仪凤二年（丁丑　677）

十月六日	昭陵立高宗行书所撰《李勣碑》。

十一月十五日　　　润州立张德言正书胡楚宾《魏法师碑》。

仪凤四年　调露元年(己卯　679)

三月　　　　　　　虢州立李君惠集王羲之书越王贞《舍利塔碑》。

十二月廿六日　　　洛阳邙山入窆欧阳通正书王德真《泉男生志》,见署司勋郎中。

开耀二年　永淳元年(壬午　682)

十二月　　　　　　嵩山立沮渠智烈正书杨炯《少姨庙碑》。

是岁　　　　　　　立郭谦光隶书吴师道《李璿碑》。

永淳二年　弘道元年(癸未　683)

正月　　　　　　　嵩山立沮渠智烈正书崔融《启母庙碑》。

是岁　　　　　　　昭陵立殷仲容隶书《褚亮碑》。

嗣圣元年　唐睿宗文明元年　武后光宅元年
(甲申　684)

八月　　　　　　　乾陵立中宗正书武后《述圣颂》。

垂拱元年(乙酉　685)

十二月四日　　　　济源立沮渠智烈正书李审几《奉仙观太上老君石像碑》,见署朝散郎上骑都尉。

垂拱二年(丙戌　686)

四月　　　　　　　登封立王绍宗正书王玄宗《王徵君临终口

授铭》,见署行秘书少监东宫侍读兼侍书。

垂拱四年(戊子 688)

四月　　　　　富平立尹元凯篆书韦元旦《美原神泉诗碑》。

天授元年(庚寅 690)

二月十九日　　昭陵立王行满正书苗神客《乙速孤神庆碑》,见署净□寺僧。

天授二年(辛卯 691)

十月十日　　　昭陵立姜晞正书所撰《姜遐碑》,见署礼部侍郎。

证圣元年　天册万岁元年(乙未 695)

二月　　　　　洛阳立相王旦正书武后《升中述志碑》。

二月　　　　　立相王旦正书李峤《封中岳碑》。

十二月十七日　洛阳立薛稷正书崔融《封中岳碑》。

十二月　　　　登封立薛曜正书武三思《大周封祀坛碑》,见署春宫郎中。

万岁登封元年　万岁通天元年(丙申 696)

二月　　　　　洛阳立相王旦正书李峤《封中岳碑》。

是岁　　　　　长安立畅整正书薛曜《梁师敬碑》。

万岁通天二年 神功元年(丁酉 697)

八月十五日　　　入窆殷祚正书所撰《道感法师塔铭》。

十月一日　　　　立薛稷正书所撰《杳冥君铭》,见署凤阁
　　　　　　　　舍人。

圣历二年(己亥 699)

二月八日　　　　嵩山立司马承祯隶书王适《潘尊师碣》。

六月十九日　　　偃师县立武后行书所撰《升仙太子碑》,见
　　　　　　　　署凤阁舍人充内供奉为检校勒碑使。

圣历三年 久视元年(庚子 700)

三月十八日　　　溧水立周道赐正书《寻仙观仙坛山铭》。

五月十九日　　　登封立薛曜正书武后君臣《奉和圣制夏日
　　　　　　　　游石淙山诗》,见署左奉宸大夫汾阴县开
　　　　　　　　国男。

六月　　　　　　洛阳立薛稷正书所撰《郑敞碑》。

九月　　　　　　汝州立殷仲容正书武后君臣《流杯亭侍宴
　　　　　　　　诗碑》,见署麟台丞。李峤序。

是岁　　　　　　咸阳立蔡有邻隶书员半千《萧宗道碑》。

大足元年 长安元年(辛丑 701)

五月十五日　　　河内立贾膺福隶书所撰《大云寺碑》,见署
　　　　　　　　太子中舍人。

五月　　　　　　立相王旦正书武后《许由碑》。

九月　　　　　　福昌立薛稷正书所撰《张及碑》,见署前凤

阁舍人。

| 十二月 | 太原立相王旦正书李峤《武士谦碑》。 |
| 十二月 | 京兆立钟绍京正书张嘉贞《周静法师方坟记》。 |

长安二年（壬寅　702）

| 六月 | 咸阳立相王旦正书武三思《顺陵碑》。 |
| 七月 | 荥阳立卢藏用隶书所撰《汉纪信碑》。张敬刻字。 |

长安三年（癸卯　703）

| 二月 | 立卢藏用隶书所撰《孔昌寓碑》。 |
| 四月八日 | 钟绍京奉敕拓相王旦正书虞世南《孔子庙堂碑》额，见署左豹卫长史。 |

神龙二年（丙午　706）

| 八月 | 长安立薛稷正书越王贞《信行禅师碑》，见署中书舍人。 |

神龙三年　景龙元年（丁未　707）

| 十月十七日 | 立中宗正书所撰《赐卢正道敕》。 |
| 十月 | 立郭谦光隶书所撰《□部将军功德记》。 |

景龙三年（己酉　709）

| 三月 | 洛阳立卢藏用隶书张说《马克忠碑》。 |

景龙四年　唐睿宗景云元年(庚戌　710)

五月　　　　　陈州立卢藏用隶书张说《龙兴寺碑》,见署吏部侍郎修文馆学士。

是岁　　　　　立卢藏用隶书所撰《苏琼碑》。张说铭。

景云二年(辛亥　711)

二月　　　　　乾陵立张庭珪隶书徐彦伯《刘延景碑》。

七月　　　　　万年立薛稷正书所撰《王美畅碑》,见署礼部尚书昭文馆学士。

九月　　　　　立睿宗正书所撰《景龙观钟铭》。

九月　　　　　万年立郭谦光隶书胡皓《崔敬嗣碑》,见署国子监太学助教。

是岁　　　　　昭陵立房琳正书崔融《房仁裕碑》,见署国子丞。

太极元年　延和元年　唐玄宗先天元年(壬子　712)

十月　　　　　京兆立玄宗书李迥《窦孝谌碑》。睿宗题额。

十二月十六日　咸阳立殷玄祚正书娄师德《契苾明碑》,见署左肃御史。

是岁　　　　　坊州立褚庭诲正书杨齐哲《韦维善政论》,见署前洛州丞。

开元二年(甲寅　714)

是岁　　　　　襄州立钟绍京正书韦承庆《偏学寺碑》,见署太子詹事越国公。

是岁　　　　越州立贺知章正书所撰《龙瑞宫记》。

开元三年(乙卯　715)

二月　　　　严州立徐峤之正书康希铣《龙兴寺碑》。

十月十二日　陕州立徐峤之正书胡皓《姚懿碑》,见署行
　　　　　　将作少监。

开元四年(丙辰　716)

是岁　　　　容州立卢藏用隶书所撰《景星寺碑》,见署
　　　　　　容州都督。

开元五年(丁巳　717)

正月　　　　酸枣县立吴光璧集王羲之行书卢藏用《二
　　　　　　门碑》,光璧见署前华州郑县尉,藏用见署
　　　　　　中书舍人。

三月　　　　兖州立李邕行书所撰《叶国重碑》。

四月二十七日　陕州立徐峤之正书崔沔《姚彝碑》,见署行
　　　　　　将作少监。

七月　　　　兖州立国子监太学生韩择木隶书李邕《叶
　　　　　　慧明碑》。

开元六年(戊午　718)

二月　　　　京兆立行敦集王羲之书崔融《怀素律师
　　　　　　碑》。

四月　　　　陕州立梁升卿隶书崔沔《杨元琰碑》。

六月	万年立魏华正书张说《魏叔瑜碑》，见署安州都督。
十月	洛阳立徐峤之正书崔日用《姚夫人郑氏碑》。
十月	咸阳立魏华正书李湛然《窦希瑊碑》，见署陕王府司马。
十月	京兆立刘升隶书李畲《苏氏造观音像碑》。
是岁	京兆立张庭硅隶书王简栖《头陀寺碑》。
是岁	长安立郭谦光隶书崔日用《姜维碑》，见署国子监丞。

开元七年（己未　719）

五月	立徐峤之隶书所撰《永丰陂堰碑》。
八月	京兆立刘升隶书裴耀卿《苏诜碑》。
十月十五日	曲阜孔庙立张庭珪隶书李邕《孔子庙碑》。
十一月十日	安邑立侯焕正书赵隐仕《天尊像铭》。
十一月	大荔立玄宗隶书张说《王仁皎碑》。

开元八年（庚申　720）

是岁	洛阳立玄宗隶书苏颋《卢怀慎碑》。
是岁	清河立徐峤之正书姚崇《陶大举碑》。
是岁	华州立刘升隶书咸廙《华岳精享昭应碑》，见署殿中侍御史。李休光篆额，见署检校华州刺史。

开元九年（辛酉 721）

三月二十六口　　定州曲阳立陈怀志行书韦虚心《北岳府君碑》，见署前邠王府参军直秘书省。

十月十三日　　京兆立释大雅集王羲之行书《兴福寺碑》（《吴文碑》）。徐思忠等刻字。

十月　　清河立徐浩正书沈淮南《康正碑》。

十一月　　兖州立张庭珪隶书狄光嗣《韦光珪碑》。

开元十年（壬戌 722）

十一月　　魏州立正议大夫守宋州刺史张庭珪正书李邕《狄仁杰生祠碑》。

开元十一年（癸亥 723）

正月十七日　　灌县立甘遗荣正书张敬忠《青城山常道观奏表》。

四月　　越州立徐峤之正书《徐师道碣》。姚弈序。贺知章铭。

五月朔日　　绛州立徐浩正书李璿之《玉京观碑记》。

五月　　京兆立梁升卿隶书张说《郭知运后碑》。

六月　　立徐峤之正书康希铣《香积寺碑》，见署赵州刺史。

十月　　海州立李邕行书所撰《海州大云寺碑》。

十月　　淮阴立李邕行书所撰《婆罗树碑》。

十二月　　海州立李邕行书睿宗《孔子老子》、玄宗《颜子赞》。

十二月	陈州立李邕行书所撰《大云寺讲堂碑》。
是岁	京兆御史台立梁升卿隶书崔湜《御史台精舍碑》,见署殿中侍御史。
是岁	太原立玄宗隶书所撰《起义堂碑》。
是岁	立郭谦光隶书崔尚《冯仁碑》,见署国子监丞。
是岁	立裴催正书张说《上党官述圣颂》。

开元十二年(甲子　724)

正月	立卢鸿隶书所撰《普寂禅师碑》。
十一月二十六日	桥陵立玄宗隶书苏颋《凉国公主碑》。
是岁	韩择木隶书《延庆观记铭》。

开元十三年(乙丑　725)

正月十五日	永济立梁升卿隶书所撰《伯夷叔齐庙碑》。
正月十七日	青城山立甘遗荣正书《常道观敕碑》碑阴。
二月十六日	昭陵立白羲晊隶书刘宪《乙速孤行俨碑》,见署秘书郎。徐元礼刻字。
四月	蒲城桥陵立玄宗隶书张说《郧国公主碑》。
六月	华阴立吕向撰颂并正书达奚珣《述翠颂》,见署左补阙集贤殿直学士。
七月七日	华阴立玄宗隶书所撰《华岳庙碑》。
十月	阳翟立魏栖梧正书卢奂《文荡律师碑》,见署著作郎。

开元十四年(丙寅 726)

九月十二日	泰山立玄宗撰并隶书《纪泰山铭》。
九月十二日	立梁升卿隶书苏颋《东封朝觐碑》。
是岁	降州立白羲晊隶书李邕《薛元允碑》。

开元十五年(丁卯 727)

正月廿五日	端州立李邕正书所撰《端州石室记》。
正月廿五日	清河立梁升卿隶书李邕《王有方碑》。元行中篆额。
十月廿日	嵩山立宋儋行书所撰《道安禅师碑》。李镐篆额。

开元十六年(戊辰 728)

三月	定州立蔡有邻隶书赵㑞《卢舍那碑》。
七月十五日	登封立裴漼正书所撰《少林寺碑》,见署吏部尚书。
七月十五日	万年立玄宗隶书所撰《一行禅师铭》。
七月十五日	徐浩正书所撰《一行禅师赞》。

开元十七年(己巳 729)

七月十五日	江州立张庭珪隶书李讷《佛陀禅师碑》。
九月三日	浮山立玄宗隶书所撰《纪圣铭》。吕向正书碑阴及建碑年月,见署敕建造摹勒龙角山纪圣碑使,朝议郎守尚书主客郎中皇太子兼侍庆王、忠王、棣王、鄂王、荣王、光王、仪

王、颖王、永王文章。

是岁　　　　　　万年立玄宗隶书张说《王君□碑》。

开元十八年（庚午　730）

五月　　　　　　万年立玄宗隶额梁升卿隶书张说《萧灌碑》。

五月　　　　　　灌县立玄宗行书所撰《赐张敬忠手诏》。甘遗荣勒并隶题。

七月　　　　　　三源立李邕行书所撰《臧怀亮碑》。

九月十一日　　麓山立李邕行书并题名所撰《麓山寺碑》并阴。黄仙鹤刻石。

开元十九年（辛未　731）

五月　　　　　　万年立前中书令钟绍京行书并铭《杨历碑》。李邕序。

七月十五日　　江州立李邕行书所撰《东林寺碑》。

九月　　　　　　洛阳立卫包隶书崔圆月《李自正碑》。

开元二十年（壬申　732）

五月　　　　　　长安立钟绍京行书所撰《徐元贵碑》。

五月　　　　　　立钟绍京正书殷彦方《阿弥陀佛赞》。

十月　　　　　　潭州立萧诚正书赵颐真《南岳真科碑》，见署荆府兵曹。

十二月十四日　京兆立唐玄宗隶书《注道德经》。

是岁　　　　　　清河立徐浩正书张升铭《陶公碑》。姚弈序。

开元二十一年(癸酉 733)

八月	河中府立玄宗隶书所撰《后土神祠碑》。
是岁	万年立梁升卿隶书棣王洽《冯昭泰碑》,见署中书舍人内供奉。
是岁	万年立梁升卿隶书冯绍正《请立冯公碑表》。陆坚题额。
是岁	京兆立蔡有邻隶书孟匡朝《张去奢碑》。

开元二十二年(甲戌 734)

五月	立梁升卿隶书苏颋《解琬碑》。
六月	顺安立苏灵芝行书《实谛寺碑》。
十月二十二日	入窆张若芬隶书万俟余庆《张休光志》,见署许州许昌县丞直集贤院。

开元二十三年(乙亥 735)

正月十九日	湖州乌程县立徐峤之正书徐陵《孝义寺碑》,见署银青光禄大夫湖州刺史。
正月	偃帅立史惟则隶书孙逖《王同晊碑》。
四月	洛阳立宋儋正书所撰《珪禅师碑》。
四月	茅山立司马承祯篆书所撰《贞白先生碑阴记》。
五月五日	蜀州立玄宗行书《赐赵仙甫诗》。
七月	京兆立梁升卿隶书韩休《张守让碑》。
是岁	华州立史惟则隶书王《杨赐碑》。
是岁	华州立郑虔隶书《华山石阙题名》。

开元二十四年（丙子 736）

二月八日	赵州元氏立蔡有邻隶书邵混之《庞履温碑》。
二月	徐州立梁升卿隶书崔沔《裴守真碑》。
四月	洛阳立史惟则隶书《邢义碑》。
五月	荥泽立梁升卿隶书所撰《郑曾碑》。
七月四日	入窆玉真公主正书徐峤《金仙长公主志》。卫灵鹤篆额。
八月	怀州立玄宗隶书并注《道德经》。皇太子绍、庆王琮等书注。
九月十八日	京兆立史惟则隶书并篆额严挺之《大智禅师碑》暨碑阴，见署右羽林军录事参军集贤院待制兼校理。
十月	陕州立玄宗行书所撰《卢奂赞》。
十一月	闻喜立玄宗行书张几龄《裴光庭碑》。
十一月	河中立韩择木隶书赵良器《裴宽碑》。
十二月	泗川立李邕行书所撰《普光王夺碑》。（大中十四年柳公权正书重立。）

开元二十五年（丁丑 737）

四月	京兆立史惟则隶书韩休《韦夫人碑》。
五月十五日	长安立史惟则隶书并篆额徐彦伯《万回神迹记碑》。
五月十五日	阳伯成《碑阴记及赞》，见署太子右内率府录事参军集贤院学士（待制）。

七月	福州立李邕行书所撰《怀道阇梨碑》。又书有"大乘爱同之寺"额。
八月十二日	入窆温古行书羊愉《景贤大师身塔记》。
八月	临安立褚庭诲正书徐安贞《玄览律师碑》，见署谏议大夫。
是岁	立王良辅集王羲之书唐玄宗《令长新诫》。
是岁	清河立梁升卿隶书李讷《李景伯碑》。

开元二十六年（戊寅　738）

二月二十五日	相州立蔡有邻隶书《尉迟公庙碑》及孙士良碑阴。阎伯均撰序。颜真卿铭。
四月	京兆立季随行书李邕《许王素节碑》。
四月	洛阳立蔡有邻隶书李邕《张嘉贞碑》。
七月	成都立管卿行书李邕《千秋观碑》并阴。
七月	洛阳立韩择木隶书裴总《洛阳食堂记》。
秋日	磁州立蔡有邻隶书严浚《丛台赋》。
十月	立蔡有邻隶书严浚《定进岩碑》。
十一月	济源立徐浩正书梁陟《李造碑》，见署监察御史集贤院修撰。

开元二十七年（己卯　739）

三月	唐州立萧诚行书张鼎《李适之碑》。
五月三日	易州立苏灵芝行书王端《易州铁像碑》，见署前行易州录事。
秋日	磁州立蔡有邻隶书严浚《登丛台怀古赋》。
是岁	冀州立田琦隶书并题额王端《述刊勒手诏

书》。

| 是岁 | 嵩山嵩岳寺立胡英书李邕《嵩岳寺碑》。 |

开元二十八年(庚辰 740)

二月	泾州立褚庭海正书彭杲《牛仙客父祖赠官记》。
六月廿八日	华州立李邕行书所撰《李思训碑》。
七月	洛阳立李邕行书所撰《开元寺碑》。
八月	万年立梁升卿隶书苏颋《庞承宗碑》。卫包篆额。
十月十六日	易州立苏灵芝行书徐安贞《田琬碑》,见署逸士。
是岁	长安立韩择木隶书吴巩《尹愔碑》。

开元二十九年(辛巳 741)

三月	太原交城立高氏行书《安公美政颂》。
五月十八日	京兆立史惟则隶书阳伯成《大智禅师碑阴记》,见署伊阙县尉集贤院待制兼校理。
六月一日	易州立苏灵芝行书并篆额唐玄宗《梦真容碑》。
六月二十四日	太原交城立高氏行书林谔《铁弥勒像颂》,见署太原府参军房璘妻。苏琬题额。
十月	易州育苏灵芝正书梁德裕《候台记》。
十月	京兆立张旭正书张九言《郎官石记序》。
十一月	济源立司□员外郎萧城正书李邕《裴大智碑》。

| 十一月 | 襄州岘山立萧诚行书李邕《独孤册碑》。 |

开元末

桥陵立玄宗行书徐峤之《金仙长公主碑》。

冀州立玄宗行书所撰《敕冀州刺史杨源复诏》。

襄州立史惟则隶书阎宽《卢僎碑》。

永州龙兴寺立韦同隶书李邕《净土院碑》。

天宝元年（壬午 742）

正月	范阳立李邕行书所撰《李秀碑》。郭卓然摹勒刻字。
二月八日	括州立李邕行书所撰《卢正道碑》。
二月十五日	洛阳立史惟则隶书并篆额苏颋《管元惠碑》，见署河南府伊阙县尉集贤院直学士。
二月	洛阳立史惟则隶书并篆额卢僎《普寂碑》，见署伊阙县尉集贤院待制兼校理。
三月二日	台州立韩择木隶书崔尚《桐柏观碑》，见署翰林院学士、庆王府属。玄宗正书题额。
四月十日	华阳县立韩择木隶书韩赏《告华岳文》，见署诸王侍书荣王府司马。
四月二十三日	兖州曲阜立包文该正书《兖公颂》。
七月十五日	鳌屋立戴伋隶书刘同升《玄元灵应颂》。戴璇序。
九月	蕲州立吕向正书李适之《法现禅师碑》，见署主客郎中右补阙集贤殿学士。

是岁	长安立吕向行书梁陟《韦坚碑》。

天宝二年（癸未　743）

二月十五日	河东藏海寺立李邕行书所撰《大照禅师碑》。
四月	伊阳立梁升卿隶书李邕《李希倩碑》。徐浩篆额。
十月	舞阳立史惟则隶书王利器《舞阳侯祠堂碑》，见署集贤院待制。徐浩篆额，见署京兆府司录。
十一月十五日	浮山立史惟则隶书崔明允《庆唐观金箓斋颂》，见署伊阙县丞集贤待制兼校理。
十一月十五日	齐州长清立李邕行书所撰《灵岩寺碑》。
十二月十一日	京兆立怀恽行书《隆阐法师碑》。
是岁	寿州立吕向正书《卢成务碑》。史惟则篆额。
是岁	济源立萧诚行书蔡玮《玉真公主祥应记》，见署弘农郡别驾。玄宗隶额。

天宝三载　（甲申　744）

正月	襄州立萧诚行书周择从《厍狄履温碑》。
二月五日	登封立徐浩隶书李林甫《嵩阳观碑》，见署朝散大夫检校尚书金部员外郎上柱国。裴迥篆额。
二月	凤翔立史惟则篆书《香谷渠碑》。
六月十七日	亳州立玄宗隶书所撰《真源观钟铭》。太子

亭题额。

| 七月 | 咸阳立韩择木隶书并题额张垍《豆卢建碑》，见署诸王侍书荣王府司马。 |
| 十二月 | 陕州立棣王琰隶书《三门祀功颂》。太子亨题额。 |

天宝四载　（乙酉　745）

九月	京兆立玄宗隶书所注《孝经》。太子亨题额。
九月	洛阳立史惟则篆书李适之《李象碑》。
十二月廿八日	武功立李邕行书所撰《任令则碑》。
是岁	汝州梁县立史惟则隶书孙逖《宋公碑》，见署阳翟县尉集贤校理御书。

天宝五载　（丙戌　746）

七月	同官立韩滉正书所撰《弥勒石像碑》，见署同官主簿。卫包篆额，见署集贤院学士。
七月	许州立史惟则隶书张粲《颖阳观碑》。
八月	济源立徐浩行书李邕《徐恽碑》。
十一月	京兆立蔡有邻隶书崔潭《龟诗》。

天宝六载　（丁亥　747）

六月	万年立张少悌行书裴炫《王四娘塔铭》。
七月	孟州立徐浩隶书祁顺之《开梁公堰颂》。
七月	孟州立薛希昌隶书卫凭《贞一先生庙碣》，见署右监门卫兵曹参军。

| 七月 | 洛州立徐浩正书邢韶《程玄封碑》。 |
| 是岁 | 万年立玄宗隶书所撰《杨玄琰碑》。太子亨题额。 |

天宝七载 （戊子 748）

正月	洛阳立李遇正书徐浩撰并隶额《窦戒盈碑》。
二月	孟州立徐浩隶书平洌《房琯遗爱颂》。
五月十五日	长安立张少悌行书《佛顶尊胜陀罗尼咒》。
五月二十五日	定州曲阳立戴千龄隶书并篆额李筌《北岳恒山安天王铭》并阴。
八月	伊阳立胡需然行书并篆额王雄风《乘真禅师碑》。
十月二十□日	济宁立蔡有邻隶书并篆额书述《章仇兀素碑》，见署翰林院学士左卫率府□□□□。
是岁	邢州立史惟则隶书宋鼎《能大师碑》，见署阳翟县丞。

天宝八载 （己丑 749）

二月	泾阳立段清云正书李邕《窦天生碑》。
五月五日	雍州立韩择木隶书冯用之《赵公奭碑》。卫包篆额。
七月	洛阳立徐浩行书李造《郭玄宗碑》。
十月	偃师立徐浩正书李邕《徐峤之碑》。史惟则篆额。
十月	京兆立史惟则隶书边旻《刘大雅碑》。

| 是月 | 蓝田立卫包正书并篆额李幼卿《石门汤泉记》,见署太仆寺主簿文学直修书院。 |

天宝九载　（庚寅　750）

四月十五日	登封立勤行行书崔琪《灵运禅师塔铭》。
四月	华州立卫包篆书所撰《三方功德颂》《金箓斋颂》,篆书韦元忠《岳庙古松诗》,正书所撰《御书华岳碑堂修饰记》《修金天王庙灵异述》,见署右补阙集贤殿修书。
五月十五日	偃师立颜真卿正书所撰《郭虚己碑》。
六月	正王士则隶书崔佸《尊胜石幢铭》。
十一月	长安立刘秦行书李邕《陈文叔碑》。
十二月	洛阳立史惟则隶书《刘飞造像记》。
是岁	万年立蔡有邻隶书陶翰《徐筠碑》,见署翰林待诏左卫率府兵营参军。
是岁	长安立韩择木隶书韦述《韦凑碑》。
是岁	汾州立邬肜行书孙宰《刘寂碑》。

天宝十载　（辛卯　751）

四月	立胡霈然行书陈章甫《七祖堂碑》。
七月	襄州立韩择木隶书李憕《放生池碑》。
七月	洛阳立徐浩正书郑炅之《明禅师碑》。
十一月	洛阳立徐浩正书韦述《新安郡太守张君碑》。史惟则篆额。
十一月	长安立蔡有邻隶书冯用之《章仇兼琼碑》,见署左卫率府兵曹参军集贤院待制。

十二月除日　　　　　苏州立史惟则隶书并篆额赵居贞《春申君庙碑》,见署前广陵大都督府户曹参军集贤院待制。

天宝十一载 （壬辰　752）

二月　　　　　　　　洛阳立徐浩正书所撰《玄隐禅师碑》。

三月　　　　　　　　偃师立颜真卿正书所撰《郭揆碑》。

闰三月　　　　　　　洛阳立徐浩隶书李华《东光县主碑》。

四月廿三日　　　　　西京千福寺立颜真卿正书岑勋《千福寺多宝塔碑》。徐浩题额。史华刻字。

十月　　　　　　　　清河立徐浩正书翟颋《杜夫人碑》。

十二月　　　　　　　京兆立韩择木隶书韩晔《瑶台寺大德碑》。

是岁　　　　　　　　立蔡有邻隶书《能大师碑》。

天宝十二载 （癸巳　753）

正月　　　　　　　　立蔡希综行书所撰《治浦桥记》。

二月五日　　　　　　登封立徐浩隶书李林甫《嵩阳观碑》。裴迥篆额。

八月十六日　　　　　扶风立玄宗隶书所撰《杨珣碑》。太子亨篆额。

十二月　　　　　　　潞川立玄宗隶书所撰《启圣宫颂》。

是岁　　　　　　　　万年立太子亨行书并篆额所撰《杨铭碑》。

天宝十三载 （甲午　754）

二月七日　　　　　　忠州立玄宗行书所撰《送康昭远诗》。

二月　　　　　　　　河中立徐浩隶书苏颋《薛悌碑》,见署武部郎中。

四月	万年立玄宗隶书所撰《武氏碑》。太子亨题额。
十二月朔日	德州安德县立颜真卿正书并篆额夏侯湛《东方朔画赞》及隶书所撰碑阴记。
是岁	洛阳立徐浩隶书并篆额陆据《裴仲将碑》。
是岁	万年立徐浩隶书《韦余庆碑》。

天宝十四载 （乙未 755）

| 二月 | 洛阳立徐浩正书并隶额达奚珣《姚奕碑》。 |
| 二月 | 立胡霈然隶书《苗公归乡记》。 |

天宝十五载 唐肃宗至德元年（丙申 756）

| 六月 | 越州立徐浩行书万齐融《玄俨律师碑》，见署武部郎中。 |
| 是岁 | 武州立史惟则隶书并篆额窦公衡《山阴述》。 |

天宝年间

陕州立史惟则隶书贾廷瑶序王□铭《裴遂碑》。

至德二年（丁酉 757）

| 春日 | 内乡县立颜真卿草书《颜母陈夫人碑》。 |
| 十一月十五日 | 范阳立苏灵芝行书张不矜《宝塔颂》，见署经略军胄曹参军。 |

至德三年　乾元元年（戊戌　758）

八月三十日　　　湖州立邬彤行书《金刚经》《尊胜经》。

是岁　　　　　　蒲州立玄宗隶书所撰《登逍遥楼诗》。

是岁　　　　　　蒲州立颜真卿正书并篆额杜光泰《马承光碑》。

乾元二年（己亥　759）

五月　　　　　　蕲州立史惟则隶书张粲《杜敏生祠记》。

八月十五日　　　缙云立李阳冰篆书所撰《城隍庙记》，见署缙云县令。

是岁　　　　　　缙云立李阳冰篆书所撰《忘归台铭》。

上元元年（庚子　760）

十月　　　　　　立卫秀集王羲之书郭鬻《梁思楚碑》。

上元二年（辛丑　761）

正月　　　　　　凤翔立韩择木隶书《来曜碑》。肃宗篆额。张镐撰序。萧昕撰铭。

七月二十二日　　缙云立李阳冰篆书所撰《孔子庙碑》。

宝应元年（壬寅　762）

三月　　　　　　舒州立徐浩隶书房琯《璨大师碑》。

五月十六日　　　新政立颜真卿正书所撰《离堆记》。

七月　　　　　　缙云立李阳冰篆书所撰《重修文宣王庙

205

记》，见署缙云令。

是岁　　　　　凤翔立韩择木隶书元载《来曜碑阴记》。

宝应二年　广德元年（癸卯　763）

三月　　　　　舒州立徐浩隶书房琯《璨大师碑》。

广德二年（甲辰　764）

二月　　　　　北京立颜真卿正书独孤及《韦缜碑》。

五月　　　　　凤翔立韩择木隶书房琯《李岘碑》。史惟则
　　　　　　　篆额。

十一月廿一日　京兆立颜真卿正书《郭公家庙碑》。

是岁　　　　　潞州立史准则隶书并篆额元载《李抱玉
　　　　　　　碑》。

永泰元年（乙巳　765）

三月　　　　　立陆宗隶书张谓《宋武受命坛记》。窦蒙
　　　　　　　篆额。

四月二十九日　武昌立魏万琔行书阎伯均《黄鹤楼记》。李
　　　　　　　阳冰篆额。

五月十一日　　武昌立李莒隶书裴虬《怡亭铭》。李阳冰撰
　　　　　　　序并篆书。

十一月　　　　潞州立史惟则隶书并篆额张楚金《郑刘婴
　　　　　　　碑》。

十一月　　　　长安立张少悌正书陈翙《桑如珪碑》。

十一月　　　　万年立徐浩隶书王缙《郭敬之家庙碑阴并
　　　　　　　子孙题名》。

永泰二年　大历元年（丙午　766）

三月十五日　永州祁阳江华县令瞿令问隶书《舜庙置守
　　　　　　户状》。

五月十一日　瞿令问三体元结《阳华岩铭》。

七月一日　　恒州真定立王士则正书并篆额王佑《李宝
　　　　　　臣碑》，见署推勾官司议郎。

七月一日　　万年立史惟则隶书徐浩《庾光先碑》。

七月一日　　京兆立颜真卿正书所撰《颜显甫碑》。

十二月廿日　瞿令问篆书《窊尊铭》及隶书《寒亭记》。

永泰间

　　　　　　万县立颜真卿正书《玄俻法师碑》。

大历二年（丁未　767）

正月　　　　新政立颜真卿正书所撰《鲜于仲通碑》；又，
　　　　　　立颜真卿正书《奖谕仲通碑》。

十一月　　　陇州立史惟则隶书邵说《新筑陇州城记》。

十一月　　　咸阳立徐浩正书常衮《承天皇帝墓文》

十一月一□日　京兆立李阳冰篆书李季卿《栖先茔记》《三
　　　　　　坟记》。

十一月一□日　洛阳立徐浩行书席豫《严浚碑》。

是岁　　　　韩择木隶书裴士淹《孙志直碑》。

大历三年（戊申　768）

正月　　　　耀州立史惟则隶书刘甲铭《于默成碑》。十

休烈序。

正月二十七日	京兆立史惟则隶书元载《郭英乂碑》。
三月	洛阳立徐浩行书所撰《魏少游碑》。
三月十五日	富平县立史惟则隶书并篆额杨炎《李楷洛碑》，见署守都水使者集贤殿学士仍翰林待制。
四月	汾州立张少悌行书韩云卿《马磷德政碑》。
八月	万年立徐浩隶书邵说《王延昌碑》，见署广州都督。
闰八月九日	永州祁阳立袁滋篆书元结《唐顾铭》。
十一月	立段季展行书崔巨《禹庙碑》
是岁	同州立史惟则隶书李邕《王仁忠碑》。

大历四年（己酉　769）

正月廿五日	崇仁县立颜真卿正书所撰《桥仙观碑记》。
三月	偃师立韩择木隶书韩云卿《徐昕碑》。李阳冰篆额。
三月二十四日	登封立徐浩正书王缙《大证禅师碑》。屈集臣刻字。
四月八日	抚州立颜真卿正书所撰《谢康乐翻经台记》。
四月	万年立颜真卿正书所撰《颜乔卿碑》《颜允臧碑》《颜幼舆碑》。
八月	万年立徐浩隶书邵说《王迈昌碑》。
十一月	万年立史惟则隶书并篆额元载《辛云京碑》。
十一月	临川立颜真卿正书所撰《魏夫人仙坛碑》。

张宙刻字。

| 冬日 | 江阴立张从申行书《西王母授黄帝秘诀》。 |
| 是岁 | 三原立韩择木隶书所撰《臧希忱碑》。 |

大历初年

海昏立颜真卿正书所撰《颜真长碑》。

大历五年(庚戌　770)

五月	新安县立颜真卿正书所撰《殷践猷碣》《殷摄碑》。
六月一日	上元立张从中行书并篆额许登《福兴寺碑》,见署大理评事。
九月三门	宁阳立李阳冰篆书所撰《庚公德政碑》。
十月十五日	三原立韩秀弼隶书并篆额张孚《臧希晏碑》。
是岁	立吴通微行书元载《裴冕碑》。
是岁	万年立颜真卿正书所撰《颜允南碑》。
是岁	抚州立颜真卿正书所撰《张景佚碑》。
是岁	崇仁立颜真卿正书所撰《元子哲碑》。

大历六年(辛亥　771)

三月	滁州立李阳冰篆书所撰《新泉铭》;又,立李阳冰篆书《琅邪泉题名》。
三月	京兆美原县立萧森集王羲之书所撰《永仙观碑》,见署丹州别驾。
闰三月	长安立张楚昭行书丁益《再修信行禅师

	碑》。韩择木篆额。
四月	抚州南域立颜真卿正书所撰《麻姑仙坛记》。
五月	万年立史惟则隶书并篆额韩云卿《李氏碑》。
六月	抚州祁阳立颜真卿正书元结《中兴颂》。
七月十五日	京兆立韩择木隶书韩云卿《荐福寺临坛大戒德律师碑》。史惟则篆额。
七月	陕州阌乡立韩择木隶书席豫《杨仲昌后碑》，见署太子少保致仕。
十一月	润州白下立颜真卿正书所撰《颜氏大宗碑》。
是岁	广德立颜真卿正书所撰《横山庙碑》。
是岁	长安立张少悌正书裴士淹《吴令珪碑》。

大历七年(壬子　772)

正月八日后	宋州立颜真卿正书所撰《八关斋功德记》。田悦篆额。
五月十五日	龙门重立张庭珪隶书李邕《程文炎碑》。
四月	润州白下立颜真卿正书所撰《颜含碑》。李阐撰传。颜延之铭。
七月	登封立徐浩正书杜鸿渐《广德禅师碑》。
八月十四日	江宁立张从申行书柳识《玄靖先生碑》，见署大州司直。李阳冰篆额。
九月廿五日	沙河立颜真卿正书所撰《宋璟碑》。
十一月	万年立颜真卿正书所撰《颜元孙碑》。
十一月廿六日	鲁山立颜真卿正书所撰《元结墓表》。

是岁	福州立李阳冰篆书李贡《般若台题名》。
是岁	万年立张少悌行书孙宿《孙廷玉碑》。史惟则篆额。
是岁	立张少悌书邵说《辛惟谦碑》。

大历八年（癸丑　773）

正月	滑州立徐浩行书并篆额元载《令狐彰开河碑》。
三月	抚州立颜真卿正书所撰《律藏院戒坛记》。
十月	夏县立韩秀实隶书程浩《薛嵩碑》，见署梁州都督府长史翰林待诏。
十二月	舒州立杨琡行书所撰《司命真君庙碑》。徐浩隶额。
十二月	扬州立张从申行书李华《法慎律师碑》。李阳冰篆额。
是岁	舒州又立张从申行书独孤及《镜智禅师碑》。李阳冰篆额。
是岁	明州立李阳冰篆书王密《裴儆纪德碣》。

大历九年（甲寅　774）

八月二日	滑州立李阳冰篆书李勉《滑台新驿记》。
十月	明州立徐浩正书所撰《先茔题记》。
是岁	夏县立韩秀实隶书杨炎《郝玉碑》，见署前梁州都督府长史翰林待诏。

大历十年（乙卯　775）

四月三日	渭南立王缙行书元载《王忠嗣碑》。赵惎篆额。
十月	立张从申行书樊晃《怪石铭》。
是岁	富平立帏秀实隶书杨炎《李光进碑》，见署梁州司马。
是岁	洛阳立李阳冰篆书《大历十年具官名氏》。

大历十二年（丁巳　777）

二月	明州立徐浩行书崔殷《董孝子碣》，见署吏部侍郎集贤院学士。
三月	汝州立韩秀弼隶书《李深遗爱颂》。
五月	南部立韩秀弼隶书韩云卿《鲜于氏里门记》。李阳冰篆额。
是岁	桂林立韩秀弼隶书韩云卿《平蛮颂》，见署梁州都督府长史武阳县开国男翰林待诏。李阳冰篆额。

大历十三年（戊午　778）

四月	句容立张从申行书杨绾《王师乾碑》，见署大理司直。
十月	立徐珙隶书李翰《郑君碑》。李阳冰篆额。
是岁	潞州立史惟则隶书郗昂铭《张君碑》。

大历十四年（己未 779）

六月	立颜真卿正书程浩《马璘新庙碑》。韩秀实隶额。
六月	立颜真卿正书所撰《颜勤礼碑》。
八月廿七日	润州立张从申正书萧定《重修延陵季子庙记》，见署前试大理司直。李阳冰篆额。
是岁	清河立韩秀弼隶书李阳冰篆额崔造《裴旷碑》。

大历间

湖州立颜真卿正书所撰《谢太傅碑阴记》《湖州石柱记》《臧氏纠宗碑》。

建中元年（庚申 780）

三月二日	桂林立韩秀实正书韩云卿《舜庙碑》，见署梁州都督府长史翰林院待诏。李阳冰篆额。
三月	阳翟立张从申行书李翰《唐立汉黄公碣》，见署检校礼部郎中。李阳冰篆额。
十月	京兆立正书《颜氏家庙碑》。李阳冰篆额。《碑后记》并《碑额后记》。
是岁	长安立韩秀弼书并篆额朱巨川《李自正碑》。

建中二年（辛酉 781）

十月	明州立颜真卿正书李舟《王密碑》。李阳冰篆额。徐浩书敕文。
正月七日	宋兆立吕秀岩正书景净《景教流行中国碑颂》，见署前行台州司士参军。
十一月十五日	京兆立徐浩正书严郢《三藏和尚碑》，见署彭王傅上柱国会稽郡开国公。
是岁	明州立李阳冰篆书并古文额王密《裴儆纪德碣》，见署集贤院学士。

建中四年（癸亥 783）

秋	伊阳立颜真卿正书李华《元德秀碑》。李阳冰篆额。

兴元元年（甲子 784）

是岁	万年立袁中孚正书武元衡《咸宜公主碑》。李阳冰篆额，见署将作少监集贤院学士。

贞元元年（乙丑 785）

四月	京兆立太子诵行书德宗《殷秀实碑》。
是岁	耀州立张少悌正书张彧《王仁敬碑》。

贞元二年（丙寅 786）

八月	陕州立胡证隶书郑士材《韦奥颂》，见署前

进士。

九月	立韩秀弼隶书刘太真《元待聘碑》。
九月	邠州立张谊行书高参《郭子仪庙碑》，见署右威卫仓曹参军。
是岁	立郑云逵撰并行书《尚可孤碑》。

贞元三年（丁卯　787）

正月十五日	茅山立窦臮正书并篆额陆长源《景昭法师碑》。
七月	洛阳立归登隶书赵赞《张延赏碑》。
是岁	京兆立张谊行书独孤及《樗里子碣》。

贞元四年（戊辰　788）

五月	立吴通微行书吴通玄《鱼朝恩碑》。
六月	京兆立太子诵行书德宗《麟德殿宴群臣诗》。
六月	立太子诵行书吴通微《修贞宫碑》。
冬日	立吴通微行书程浩《藏用上座院序》。
是岁	洛阳立韩秀荣隶书《畅悦碑》。

贞元五年（己巳　789）

八月十一日	华州立韩秀弼隶书张濛《李元谅碑》。李彝篆额。
九月	滑州立徐璹正书贾耽《新井铭》。李腾篆额。
十月	滑州立徐璹正书《说文字源》，见署前扬府

户曹参军。李腾篆额。贾耽撰序。

贞元六年（庚午　790）

七月　　　　　万年立韩秀荣隶书李竦《辛京杲碑》。

贞元七年（辛未　791）

十月　　　　　立徐现正书所撰《大德律师塔铭》。

是岁　　　　　长安立韩秀弼《贞元同官记》。

贞元八年（壬申　792）

三月　　　　　湖州长兴立徐璹正书于頔《袁高茶山诗述》，见署前潞州长史。

是岁　　　　　京兆立太子诵行书德宗《幸章敬寺诗》。

是岁　　　　　长安立韩秀弼隶书张彧《李晟庙碑》。

贞元九年（癸酉　793）

七月　　　　　颍阳立韩秀荣隶书于翰《郑叔清碑》。

八月二十七日　入窆皇甫阅正书梁宁《澄空塔铭》，见署校书郎。

是岁　　　　　长治立班宏行书董晋《李抱真碑》。韩秀弼篆额，见署朝散大夫守□□府长□□阳县开国男。

贞元十年（甲戌　794）

正月　　　　　清河韩秀荣隶书于邵《王之咸碑》。

216

正月	湖州长兴立徐璹正书李吉甫《袁高茶山诗述碑阴记》。
是岁	洛阳立徐现书并篆额郑叔规《辨正禅师塔铭》,见署汜水县令。

贞元十二年(丙子　796)

六月	河中立胡证隶书陈翊序《郭子仪将佐略》。
闰八月	幽州立颜頵正书篆额韦稔《复舜庙碑》。
是岁	立柳宗元正书所撰《祷雨碑记》。

贞元十三年(丁丑　797)

二月	立张仲严集王羲之书卢虔《楚王堤记》。
五月	洛阳立归登隶书权德舆《赵憬碑》。李腾篆额。
八月廿日	盐池立韦纵正书并篆额崔敖《灵庆公神祠碑》,见署前试大理评事。

贞元十四年(戊寅　798)

三月	徐州立太子诵行书德宗《送张建封还镇诗》。
五月廿五日	立郑云逵行书陈京《郑楚相碑》,见署卫尉卿。姜元素篆额。
十二月	河中立胡证隶书《政刑箴碑》碑阴。
十二月	台州立颜頵正书颜真卿《智者大师画像赞》。颜汝玉篆额。
是岁	京兆立太子诵行书吴通微《纪南充县谢自

然上升敕》。

贞元十五年(己卯 799)

十一月廿四日　偃师立徐现正书并篆额张式《徐浩碑》,见署罢宰王畿之新安。

是岁　偃师立王伓正书权德舆《董晋碑》,见署皇太子侍书。

贞元十六年(庚辰 800)

四月　洛阳立徐现正书《王虔休碑》。

贞元十七年(辛巳 801)

六月　襄州立胡证隶书于頔《王粲石井阑记》。

十月　同州立韦纵正书并篆额杨凭《崔淙碑》。

十月二十日　立韦纵正书袁滋篆额王颜《王卓碑》。

十一月九日　河南阌乡立袁滋篆书王颜《轩辕铸鼎原铭》。

贞元十九年(癸未 803)

四月　庐州立徐珰正书并篆额杨凭《罗珦碑》。

是岁　长安立崔公馀行书郑赞《王武俊先庙碑》。太子诵题额。

贞元二十年(甲申 804)

十一月十二日　立郑云逵行书所撰《李广业碑》,见署刑部侍郎。袁滋篆额。

| 十一月 | 彭州立太子诵正书德宗《韦皋碑》。（十二月，简州又立石。） |
| 是岁 | 京兆立孙藏器正书所撰《惠日禅师塔铭》。 |

贞元二十一年　唐顺宗永贞元年(乙酉　805)

| 七月廿五日 | 长安立吴通微行书飞锡《楚金禅师碑》，见署中书舍人翰林学士。 |
| 十一月三十日 | 宣州立颜频书严绶《通公碑》。 |

元和元年(丙戌　806)

三月	太原立颜颛正书令狐楚《晋祠新松记》。
十月	京兆立卢佐元正书颜真卿《颜杲卿碑》。
是岁	立裴潾正书裴度《卢瑗碑》。

元和二年(丁亥　807)

五月二十七日	萍乡立刘禹锡正书所撰《乘广禅师碑》，见署郎州司马。刘申锡篆额。
是岁	立裴潾正书张参《李公碑》。
是岁	京兆立孙藏器书郑德玄《王隐朝碑》。

元和三年(戊子　808)

| 七月 | 应天立王遹篆书陆机《汉高祖颂》。 |

元和四年(己丑　809)

| 二月廿九日 | 成都武侯祠堂立柳公绰正书裴度《诸葛武 |

侯祠堂记》。

四月	京兆立张宏靖正书权德舆《裴倩碑》。胡证篆额。
六月	应天立王通篆书李白《李锡去思颂》。
十月	朗州立刘禹锡正书董颋《修阳山庙碑》。刘申锡篆额。

元和五年(庚寅　810)

二月	洛阳立郑余庆正书权德舆《武就碑》。
五月	洛阳立郑余庆正书所撰《贾耽碑》。
七月	潭州立柳宗元正书所撰《弥陀和尚碑》。
是岁	河中立徐玫正书卢顼《卢俊碑》,见署明义军节度判官。
是岁	河中市郑余庆书归登《卢虔碑》。

元和六年(辛卯　811)

| 十一月十五日 | 义兴县立黄□集王羲之书陆机《周孝侯碑》,见署前试太常寺协律郎。华明素篆额。 |

元和七年(壬辰　812)

正月	华州立胡证隶书并篆额许孟容《乌承玼碑》。
十月	京兆立郑余庆正书韩愈《路庆碑》。
十月	京兆立胡证正书并篆额冯宿《狄梁公祠堂颂》,见署充魏、博等州节度副使、朝议大夫

检校太子左庶子兼御史中丞。

十一月　　　　　绛州立归登隶书并篆额许孟容《裴耀卿碑》。

元和八年(癸巳　813)

正月　　　　　　京兆立郑余庆正书许孟容《尚书省新修记》。袁滋篆额。

二月　　　　　　京兆立胡证隶书所撰《尚书省石幢记》。

八月　　　　　　洛阳立徐现正书所撰《灵珍禅师塔铭》。

十一月　　　　　立胡证隶书并篆额韩愈《田弘正家庙碑》。

十二月　　　　　立郑余庆正书李绛《樊泽碑》。

是岁　　　　　　洛阳立归登隶书韩愈《刘昌裔碑》。

元和九年(甲午　814)

十月　　　　　　盂州立裴潾正书并篆额李蟠《济亭记》。

是岁　　　　　　洛阳立颜颙书严绶《严公碑》。

元和十年(乙未　815)

四月十五日　　　杭州立归登行书并题额崔元翰《大觉禅师国一碑》。

是岁　　　　　　洛阳立归登隶书并篆额许孟容《赵昌碑》。

元和十一年(丙申　816)

六月　　　　　　立郑余庆书郑□《孔述睿碑》。

十一月　　　　　杭州立王逼正书卢元辅《胥山铭》。

是岁　　　　　　京兆立归登隶书并篆额权德舆《于先庙

碑》。

元和十二年(丁酉　817)

十月　　　　　　柳公权正书柳宗元《柳州复大云寺记》。

元和十三年(戊戌　818)

十二月　　　　　洛阳立裴潾正书李绛《李众碑》。

是岁　　　　　　立郑余庆书权德舆《百岩大师碑》。

元和十四年(己亥　819)

二月　　　　　　风翔立沈传师正书张仲素《大圣舍利塔
　　　　　　　　铭》。归登篆额。

是岁　　　　　　洛阳立郑余庆隶书郑铭《权公碑》。赵
　　　　　　　　赞序。

是岁　　　　　　咸阳立孙藏器行书邢叔度《焦伯瑜碑》。

元和十五年(庚子　820)

闰正月　　　　　河中立公权正书并篆额孟简《薛苹碑》。

七月　　　　　　立裴潾正书李绛《吕元膺碑》。

十月一日　　　　立陈谏正书并篆额韩愈《南海神庙碑》,见
　　　　　　　　署循州刺使。

长庆元年(辛丑　821)

正月十一日　　　柳州立沈传师正书韩愈《罗池庙碑》。陈曾
　　　　　　　　篆额。

正月十一日　　　　柳州立沈传师正书韩愈《黄陵庙碑》。

长庆三年（癸卯　823）

四月　　　　　　　华州立胡证隶书并篆额韩愈《胡珦碑》。

七月　　　　　　　曲江立徐浩正书所撰《张九龄神道碑》。

是岁　　　　　　　洛阳立裴潾正书李宗闵《韩光碑》。

是岁　　　　　　　蔡州立裴潾正书王起《高承简碑》。

是岁　　　　　　　洛阳立崔从书李宗闵《崔能碑》，见署户部
　　　　　　　　　尚书。胡证篆额。

长庆四年（甲辰　824）

四月六日　　　　　京兆西明寺立柳公权正书《金刚经》。

六月　　　　　　　赣州立柳公权正书李渤《大觉禅师塔铭》。
　　　　　　　　　胡证篆额。

宝历二年（丙午　826）

三月　　　　　　　随州立柳公绰正书李白《紫阳先生碑》、李
　　　　　　　　　繁《碑阴记》。

大和二年（戊申　828）

七月　　　　　　　洪州立柳公权正书武翊黄《涅槃和尚碑》。

大和三年（己酉　829）

建申月　　　　　　济源立张弘明正书《贞一先生坐忘论》。

四月六日　　　　　高陵立柳公权奉敕正书并篆额裴度《李晟

碑》。

九月	陕州立裴潾正书冯宿《薛苹增修家庙碑》，见署给事中。李演篆额。
十月	京兆立唐玄度篆书杨承和《塔阴文》。
是岁	万年立刘禹锡正书所撰《令狐楚先庙碑》，见署礼部郎中集贤院学士。陈锡篆额。

大和四年（庚戌　830）

四月	耀州立柳公权正书李宗闵《王播碑》及牛僧孺《王播志》。
四月	台州立元稹正书所撰《修桐柏宫碑》。颜頵篆额。
八月	长安立刘禹锡正书王源中《何文㤗碑》。陈修古篆额。
十二月	台州立颜頵正书颜真卿《智者大师画像赞》。颜汝玉篆额。
是岁	京兆立唐玄序集王右军书王源中《李藏用碑》。唐玄度篆额。

大和五年（辛亥　831）

| 十二月 | 京兆立柳公权正书《太清宫钟铭》。 |
| 是岁 | 京兆立唐玄度隶书并篆额朱景玄《骆奉先碑》。 |

大和六年（壬子　832）

| 春日 | 京兆立唐玄序集王羲之书《金刚经》。唐玄 |

度篆额。

大和七年（癸丑　833）

四月　　　立柳公权正书冯宿《刘从政碑》。唐玄度篆
额。（凡二碑，一在东都，一在长安。）

十二月　　明州立范的行书万齐融《阿育王寺常住田
记》。

大和八年（甲寅　834）

是岁　　　孟州立郑瀚正书韦表微《翰林学士院新楼
记》。唐玄度篆额。

大和九年（乙卯　835）

正月　　　京兆立裴休正书所撰《定慧禅师碑》。柳公
权篆额。

正月　　　京兆立唐玄度隶书并篆额许康佐《崔守诚
碑》。

大和间

京兆立唐玄序行书许康佐《崔谈峻寿堂
碑》。唐玄度篆额。

开成元年（丙辰　836）

四月廿日　万年县立柳公权正书令狐楚《回元观钟楼
铭》。

| 十一月 | 洛阳榆林立柳公权正书裴度《王智兴碑》。丁居晦篆额。 |
| 是岁 | 京兆立朱玘行书袁郶《第五从直碑》。毛伯贞篆额。 |

开成二年(丁巳　837)

五月	万年立柳公权正书并篆额王起《冯宿碑》，见署河东县开国男。
七月	洛阳立柳公权正书郑浣《阴符经序》。丁居晦篆额。
是岁	洛阳立柳公权正书并题额李绛《罗公碑》。

开成三年(戊午　838)

正月	洛阳立柳公权正书李绛《崔稹碑》。
七月	万年立柳公权正书丁居晦《韦元素碑》。
正月	洛阳立刘禹锡正书裴度《崔群碑》。丁居晦篆额。

开成四年(己未　839)

七月	咸阳立柳公权正书李宗闵《元锡碑》。
秋	兴元立柳公权正书刘禹锡《山南西道新修驿路记》。
十一月	洛阳立刘禹锡正书所撰《王质碑》，见署太子宾客。郑槎篆额。
是岁	万年立柳公权正书杜牧《庄淑公主碑》。
是岁	立柳公权正书《宪穆公主碑》。

是岁　　　　　　　立柳公权正书李景让《李有裕碑》。

开成五年(庚申　840)

正月　　　　　　　大名立柳公权奉敕正书所撰《何进滔碑》。
　　　　　　　　　唐玄度篆额。

二月　　　　　　　高陵立柳公权正书王起《罗让碑》。

是岁　　　　　　　京兆立柳公权正书李石《李听碑》。

是岁　　　　　　　洛阳追立柳公权正书郑儋《李说碑》。

是岁　　　　　　　洛阳立刘禹锡正书所撰《史孝章碑》。

开成三至五年间

　　　　　　　　　富平奇柳公权正书并篆额李宗闵《符磷
　　　　　　　　　碑》。

会昌元年(辛酉　841)

五月　　　　　　　偃师立柳公权正书刘禹锡《崔陲碑》。

十二月廿八日　　　京兆立柳公权正书并篆额裴休《玄秘塔
　　　　　　　　　碑》。

是岁　　　　　　　京兆西明寺立柳公权正书严厚本《宣公律
　　　　　　　　　院碣》。

会昌二年(壬戌　842)

十一月六日　　　　京兆立朱玘行书裴素《修汉未央宫碑》。毛
　　　　　　　　　伯贞篆额。

会昌三年(癸亥　843)

四月	万年立柳公权奉敕正书崔铉《神策军碑》。徐方平篆额。
十月	万年立柳公权正书王起《昊天观碑》。徐方平篆额。
是岁	京兆立朱玘行书严厚本《郗士荣碑》。

会昌四年(甲子　844)

四月	京兆立柳公权正书《金刚经》。郑□题额。
十月	伊阳立柳公权正书高元裕《高重碑》。

会昌五年(乙丑　845)

是岁	长安立柳公权正书并篆额裴环《李载义碑》。

会昌六年(丙寅　846)

十二月	孟州河阴汉祖庙立柳公权正书李德裕《李石碑》。

唐宣宗大中元年(丁卯　847)

正月	商州立柳公权正书韦琮《商于驿路记》。李商隐篆额。
四月	三原立柳公权正书并篆额李回《于起碑》。
是岁	京兆立石柳公权细书李商隐《太仓箴》。

大中二年(戊辰　848)

六月	明州立贝泠该隶书孙谏卿《蓬莱观碑》。王方外篆额。
十二月	立柳公权正书《刘沔碑》。唐玄度篆额。

大中三年(己巳　849)

五月十九日	万年立柳公权正书并篆额李钰《牛僧孺碑》。

大中四年(庚午　850)

是岁	万年立柳公权正书李邕《普光王寺碑》。

大中五年(辛未　851)

是岁	京兆立朱玘行书郑楚《仇士良碑》。毛伯贞篆额。
是岁	立朱玘行书朱景玄《重建章资师传教碑》。

大中六年(壬申　852)

二月二十三日	万年立柳公权正书萧邺《韦正贯碑》。
是岁	立柳公权正书并篆额所撰《刘荣璨碑》。

大中七年(癸酉　853)

二月	万年立柳公权正书所撰《康约言碑》。
十一月十日	洛阳立柳公权正书萧邺《高元裕碑》。

是岁	青州立柳公权正书李宗闵《薛平碑》。
是岁	彭城立柳公权正书刘三复《刘君碑》。
是岁	万年护国寺立柳公权正书段成式《观音院记》。

大中八年(甲戌 854)

| 七月 | 汀州立惟嵩正书李演《慧远法师影堂碑》。王通篆额。 |
| 是岁 | 寿安立柳公权正书蒋伸《崔从碑》。 |

大中九年(乙亥 855)

| 十月十三日 | 鄠县立裴休正书所撰《圭峰定慧禅师碑》。柳公权篆额。 |
| 是岁 | 万年立柳公权正书所撰《濮阳长公主碑》。 |

大中十一年(丁丑 857)

| 四月廿六日 | 庐山东林寺立柳公权正书崔黯《复东林寺碑》。 |

大中十三年(己卯 859)

| 六月 | 京兆安国寺摹立柳公权正书《西明寺金刚经》。 |

大中十四年 咸通元年(庚辰 860)

| 是岁 | 赵州立贝灵(一作"贝泠")该隶书赵璘《戒珠寺 |

碑》。

咸通二年(辛巳　861)

是岁　　　　　长安立柳公权正书郑处晦《蒋系先庙碑》。

咸通四年(癸未　863)

是岁　　　　　京兆立柳公权正书《平庐节度封敖碑》。

咸通五年(甲申　864)

是岁　　　　　凤翔立柳公权正书令狐绹《魏謩碑》。

是岁　　　　　长安立柳公权正书并篆额崔屿《魏謩先庙碑》。

咸通十一年(庚寅　870)

正月　　　　　立柳知微正书郑《孔岑父碑》。

二月　　　　　京兆立柳仲年正书并篆额韦保衡《同昌公主碑》。

七月十一日　　绛州立郑承规篆书《碧落碑》。

乾符四年(丁酉　877)

是岁　　　　　京兆立张宗厚正书并篆额韦蟾《段居本碑》。

中和四年(甲辰　884)

正月十六日　　成都立李部行书王徽《创筑罗城碑》。董瑰篆额。

天复二年(壬戌　902)

是岁　　　　　成都立赵玙正书吴融《王公进生祠堂碑》。
　　　　　　　董瑰篆额。

清泰三年(丙申　936)

八月　　　　　立李鹗正书李棁《后唐汾阳王真堂记》。